文成公主 yu 唐蕃古道

主编 崔永红
编著 崔永红
　　　毕艳君
　　　解占录

青海人民出版社

图书在版编目（CIP）数据

文成公主与唐蕃古道/崔永红主编. -- 西宁：青海人民出版社，2017.5（2019.8重印）
ISBN 978-7-225-05336-3

Ⅰ.①文… Ⅱ.①崔… Ⅲ.①文成公主（?-680）—生平事迹②古道—介绍—陕西—唐代③古道—介绍—西藏—唐代 Ⅳ.① K828.5 ② K92

中国版本图书馆 CIP 数据核字 (2017) 第 153188 号

文成公主与唐蕃古道

崔永红　主编

出版人	樊原成
出版发行	青海人民出版社有限责任公司
	西宁市五四西路71号　邮政编码：810023　电话：（0971）6143426（总编室）
发行热线	（0971）6143516 / 6137730
网　址	http://www.qhrmcbs.com
印　刷	陕西龙山海天艺术印务有限公司
经　销	新华书店
开　本	890mm × 1240mm　1/32
印　张	8
字　数	130 千
版　次	2017 年 8 月第 2 版　2019 年 8 月第 7 次印刷
书　号	ISBN 978-7-225-05336-3
定　价	35.00 元

版权所有　　侵权必究

唐蕃和亲　千古绝唱

The first chapter

第一章

负重任，文成公主远嫁吐蕃 05

肩负重任　公主远嫁 05

文成公主　贤淑多才 08

松赞干布　雄姿英发 11

艳羡华风　诚恳求亲 15

婚使闯关　唐王许婚 16

示礼遇，松赞干布柏海迎亲 20

干戈初息　和亲相踵 20

河源筑馆　柏海迎亲 23

古道畅通　汉藏团结
The second chapter

第二章

长路漫漫，名胜多多　31
唐蕃通道　古已有形　31
公主入蕃　古道定型　33
千年帝都　古城长安　43
丝路明珠　天水名胜　46
高原商埠　特色临夏　48
西陲古地　夏都西宁　56
高原古道，风光旖旎　67
巍巍日月山　深情倒淌河　67
通天长河　美丽玉树　72
勒巴沟的佛教石刻文化　79
文成公主庙　84

古道畅通　汉藏团结

The second chapter

第二章

贝纳沟摩崖石刻佛教考古的新发现　92

玉树风情　98

汉家公主，拉萨安居　104

圣地拉萨　104

雄伟的布达拉宫　109

大昭寺的诱惑　113

小昭寺的安谧　119

汉藏团结，垂范后世　122

政治往来频繁　122

经贸交往广泛　125

文化交流深入　130

南亚陆路辟通　132

和战不休 古道繁忙

The third chapter

第三章

唐蕃争战,生灵涂炭 139

大非川一战 仁贵解甲归田 139

良非川之役 常之名动河湟 146

神龙盟约,再度和亲 154

唐蕃争战 赞普求亲 154

金城公主 逻些成婚 159

唐蕃交恶 赤岭树碑 163

盟约破裂,争端又起 169

白水扼守唐蕃道 169

兵戈扰攘青海旁 174

西屠石堡取紫袍 179

盛衰有时　新姿频添

The fourth chapter

第四章

古道冷落鞍马稀 189
分裂割据　古道梗阻 189
佛本相争　高僧入青 193
三贤灭度　大佛寺建 196
驿路再通，黄教兴起 200
驿站畅通　行人盈道 200
黄教兴盛　寺院遍布 207
官马道上商业旺 213
官马大道通西藏 213
商家来往古道忙 217
海藏咽喉丹噶尔 221
更喜古道换新颜 224
青康公路拓旧道 224
青藏公路运输忙 230
青藏铁路好风光 234
后记 238
主要参考文献 242

唐贞观十五年（公元641年），唐朝与吐蕃国达成联姻，唐太宗将宗室女文成公主许嫁与吐蕃赞普松赞干布。文成公主信仰佛教，据说行前她曾请求父皇把稀有至宝释迦牟尼报身像（通称觉卧佛，俗称12岁等身金像）赐给她，作为圣缘，请到吐蕃，得到唐太宗允准。文成公主一行在唐礼部尚书江夏王李道宗持节护送下，从唐都长安（今西安）出发，经秦州（今甘肃天水市）、河州（今甘肃临夏）、鄯城（今西宁）、西越赤岭（今日月山），又行经今玉树前往逻些（今拉萨）。吐蕃赞普松赞干布亲自到柏海（今青海玛多县扎陵湖、鄂陵湖一带，藏文史料对柏海的今地有多种说法）迎亲。公主一行中途受到吐谷浑王诺曷钵与夫人弘化公主的隆重接待，在玉树逗留了较长时间，玉树地区至今存留有许多与文成公主有关的珍贵遗迹、遗物。唐蕃和亲是中国政治和亲的典范，它使唐蕃双方的政治经济文化交流不断加强，唐蕃友好的"黄金大道"——唐蕃古道形成并繁荣，使汉藏人民之间的接触日益频繁，增进了汉藏两族人民亲密合作的关系，也增进了两个民族间的友善和融合，在汉藏关系史上写下了光辉的一页。文成公主聪慧善良，深明大义，在吐蕃生活40年，受到藏族民众的广泛爱戴，被尊为观世音菩萨化身的救苦救难本尊"白度母"。她是为汉藏民族团结做出巨大贡献的伟大女性，她的事迹直到今天还在汉藏两族人民中传颂。

第一章 唐蕃和亲 千古绝唱

古老而年轻的青藏高原,在几千年人类文明的历史长河中,演绎着许多伟大而壮丽的历史诗篇。

古老而年轻的青藏高原，在几千年人类文明的历史长河中，演绎着许多伟大而壮丽的历史诗篇。从曾经波涛汹涌的"古特提斯海"到第四纪以来作为地球上隆起最高的地方，这座古老而年轻的高原在广阔宏大的时空里不断创造着中国历史乃至世界历史上的奇迹，以奇异的地理构造和地貌景观，以独特而丰富的多民族文化，成为举世瞩目的"世界屋脊"。而在这号称"地球第三极"的大地上，远去的历史也向我们叙述着一段又一段震撼民族心灵的故事和许许多多古老而神秘的传说。随着时光飞逝，远古的辉煌与壮烈早已远去，但是历史留给我们的记忆却不曾磨灭。

　　唐蕃古道，这个因为一场盛大的婚礼而得以发展延续

青藏高原

的道路在千年后的今天依旧被人们怀想，理由不仅仅是因为曾经繁忙的古道给当时汉藏政治、经济、文化带来的繁荣，更重要的是，那是两个强大帝国之间交好的标志，是汉藏两个民族友好关系的开始。正是公元7世纪初唐朝文成公主远嫁吐蕃赞普松赞干布的这场煌煌大婚，使得汉藏之间的友好关系得以建立，并绵延至今。当年那场具有政治意义的盛大婚礼在揭开一段不同凡响的历史帷幕的同时，也奏响了一曲千古绝唱。

一千多年来，高原历史不管怎样演变，这桩姻缘与唐蕃古道始终形影相伴，在银装素裹的高原大地上传颂着文成公主那无比圣洁的美名。于是，古道以其悠远和传奇的历史不断向一代代人诉说着那段远逝的岁月。

负重任,文成公主远嫁吐蕃

肩负重任　公主远嫁

公元 633 年（唐贞观七年），年轻有为的吐蕃赞普松赞干布结束了吐蕃四分五裂、各自为政的状况，在青藏高原上建立起了统一而强大的吐蕃王朝。

吐蕃兴起时正值青海高原草原王国吐谷浑的复兴时期，这使唐朝与它们二者之间的关系变得复杂起来。作为游牧民族，吐谷浑人和吐蕃人都期望有更为广阔的生存和发展空间。唐初，吐蕃、吐谷浑都没有放松对外扩张和对唐边境的侵扰。后来由于唐朝与吐谷浑的关系由战争归于和平，这让吐蕃深感不安，

求婚（壁画）

于是贞观十年（636年），吐蕃派使者向唐求婚。与此同时，突厥与吐谷浑也来向唐朝求婚，结果唐朝唯独没有答应吐蕃的求婚。这使松赞干布觉得脸上无光，他借使者回禀求婚未成是吐谷浑从中挑拨的谎言，乘机攻击吐谷浑。此时的吐谷浑国势衰弱，如强弩之末，而吐蕃正处于强盛的发展时期，因此这场战争最终以吐谷浑的战败而告终。

战胜吐谷浑后，松赞干布率军20余万，趁势屯于松州（今四川松潘）西境，开始了他名为请婚，实际上是对唐朝进行胁迫的军事行动。据《旧唐书·吐蕃传》记载，当时松赞干布扬言说："若大国不嫁公主与我，即当入寇。"吐蕃军队对大唐的进犯使原先归附于唐朝的党项首领和阔州刺史、诺州刺史等纷纷背叛唐朝，归附于吐蕃。这使唐朝在松州都督府的防御实力大为削弱。面对严峻的形势，唐朝不得不调兵遣将，把原先准备用于经略西域的军事力量转向对付吐蕃。唐贞观十三年（639年），唐朝派5万兵征讨吐蕃，并将蕃军击败。松赞干布一边引兵退回一边又遣使到长安，向唐朝谢罪并再次请婚。唐太宗看到吐蕃国势强盛，松赞干布求婚有诚意，于是便答应了他的求婚。

吐蕃赞普松赞干布青年才俊，治国有方，进攻唐边境受挫后再次求婚，与唐朝和好的态度诚恳。中华民族"和为贵"的传统观念根深蒂固。在当时的形势下，唐蕃和亲不失为一种缓和双方激烈矛盾冲突的良策，具有重大而深远的历史意义。而具体实施和亲的重任却历史地落在了文成公主的肩上。为了建立汉藏友好关系的桥梁，这位伟大的女性不畏艰险、义无反顾地选择高原作为自己最终的归宿地，于唐贞观十五年（641年）跋山涉水远嫁到了吐蕃。

松赞干布迎娶文成公主后，中原与吐蕃之间的关系甚为友好，此后200多年间，虽然也有一些战事，但双方关系总体以和为主，使臣和商人的往来十分频繁。这次联姻的成功，揭开了唐蕃友好关系的新篇章，促进了唐蕃间经济文化的交流，增进了汉藏两族人民亲密、友好、合作的关系，在汉藏关系史上写下了光辉的一页。

"行人刁斗风沙暗，公主琵琶幽怨多。"当年的公主们究竟怀着怎样的心情去国离乡，客死异域，我们已经不得而知，但我们知道,文成公主的銮舆碾过这块苍茫的高原大地之后,长长的车辙印停留在高原人民的心中再也没有消失过。

文成公主　贤淑多才

中国历史上,以中央政权皇室公主或宗室其他女性身份出嫁少数民族政权首领以达到政治和亲目的的事例不少,就其态势而言大致有两种情况:一种是国力衰弱,以和亲委曲求全,以结好少数民族政权;另一种则是国力强盛,威震四海,以和亲安抚边远之邦,有赐婚的意味。前者是持卑微之姿,利用女性的美貌和柔媚,来缓和战场上的冲突;后者却是趾高气扬,宣展大国之姿,用亲戚关系来笼络感化域外少数民族。

文成公主塑像

唐太宗时期，文成公主远嫁吐蕃，应当属于后一种和亲情况。就当时的唐朝而言，与吐蕃联姻，是其笼络怀柔政策的具体反映；从吐蕃来看，是对先进的中原经济文化的向往和亲和，反映了藏汉民族相互交好的感情，也体现了中华民族自古以来的一种内聚力。

文成公主原是唐太宗一个远亲李姓侯王的女儿，自幼被唐太宗和长孙皇后收养官中，视如己出。据说文成公主不仅长得端庄丰满，而且自幼饱读诗书，知书达礼，有着良好的家庭教育素养，举手投足间不失泱泱大唐帝国应有的风范。

然而无论是谁，对于一个从小到大一直过惯养尊处优日子的人来说，突然间要远离繁华的都城和尊贵的宫廷，到荒凉的高原去，在那里生活一辈子，而且有可能一生再也不能回来，对她既是个残酷的现实也是个巨大的考验。也正因为此，文成公主入蕃一直像谜一样引发着后人的众多猜测，她与吐蕃赞普的爱情就如她毅然前往吐蕃的态度一样让人充满了好奇，同时也令许多人佩服和感怀不已。

嫁入吐蕃之后，文成公主以款款柔情善待松赞干布，使得这位生长于偏远之地的年轻国王深切体会到汉族女性的修养与温情，他对文成公主不仅倍加珍爱，而且对她的一些建议也尽力采纳。文成公主则凭借自己的知识和见地，细心体察吐蕃的民情，然后提出多种合情合理的建议，协助丈夫治理这个地域广阔、民风剽悍古朴的国家。

而最让人佩服的是，文成公主在吐蕃近40年的漫长岁月中，有长达30年的时间是在松赞干布逝世以后独自度过的。在这30年的岁月里，她并没有因为赞普的过世而消沉度日，而是始终牢记肩负的重任，一直致力于唐蕃之间友好关系的建立和吐蕃国的建设中。虽然我们无法获知她本人有多么幸福的个人生活或者爱情，但她带去的各种谷物、工艺品、药材、先进技术、书籍等，对吐蕃的农牧业、手工业以及宗教文化等的发展都起到了极大的推动作用，促进了吐蕃的社会进步，这些都是不争的事实。不仅松赞干布非常欣赏贤淑多才的文成公主，就连吐蕃人民也非常爱戴这位汉族公主。著名的布达拉宫至今保存着文成公主与松赞干布结婚的洞房遗址，拉萨的大昭寺里至今还供奉着她的雕像。在青海玉树州结古镇南边约50里的巴塘地区有大日如来及其近侍弟子的雕像，有文成公主庙。当地群众传说，文成公主曾经过此地，雕刻了佛像并教当地民众种植青稞，这样的雕塑建筑和传说在文成公主入吐蕃的沿途还有许多。这些遗址今天已变成了唐蕃亲密友好的历史见证。

唐高宗永隆元年（680年），文成公主在逻些城（拉萨）病逝，唐朝特派使者前往祭奠。虽然此时唐蕃之间的友好关系已大不如前，但文成公主受到吐蕃官民的敬仰并不因为与唐朝关系的疏远而稍减，她的逝世引起了所有视她为神明的吐蕃人的哀痛。

文成公主和亲成为历史上汉藏友好交往的佳话，她本人也成为和亲公主的代名词，在浩浩荡荡的和亲公主队伍中，文成公主常常以典范被人提及。如今历史烟云散去，唐蕃古道昔日的土路已经被柏油水泥公路所替代，但沿这条公路前行，依旧能从沿途星罗棋布的古驿站、城池、村舍和古寺感受到盛唐遗风和吐蕃王朝的文化气息，以及文成公主留下的许多印记……

松赞干布　雄姿英发

吐蕃人是现今藏族的主体先民，是一个以游牧为主兼事农耕的民族，素以性格剽悍勇敢善战著称。根据考古发现，西藏高原出土过距今一万年前的旧石器时代晚期遗物，新石器时代晚期的卡若文化与黄河上游甘青地区的马家窑文化时代相近，而且有一定的联系。据汉藏文史书记载，约公元前4世纪时，雅砻地区（今西藏山南地区泽当、琼结一带）的悉补野部落脱

松赞干布塑像

颖而出,该部落首领聂赤赞普,号鹘提悉补野。聂赤及以后的6代赞普,被合称为"七天座王",其后依次又有"中丁二王""六地善王""八德统王""五赞王"等,以上共28位王。"五赞王"时期大约相当于中原地区魏晋南北朝时期,这时,"鹘提悉补野"之名,成了雅砻地区的古称,进而一度成为整个藏区的名称。从第26代王起,其谱系有了确切记载。到其第30代王时初步形成国家。

鹘提悉补野部的第33位王松赞干布(公元617—650年)是藏族历史上一位伟大的人物,汉文史籍中记作弃宗弄赞、器宗弄赞、弃苏农赞等。他13岁继赞普之位时,正值其所属的雅砻部落命运处于风雨飘摇之际,但弱冠即位,还仅仅是个孩子的他就表现出了非凡的才智。

松赞干布的成长因为目睹了雅砻部落不断向外扩张、不断战争的整个发展过程,因而他清楚地看到战争的胜利给家族和部落带来了无限荣耀,同时,被征服的部落和贵族由于不甘心失去权利与财富正在蠢蠢欲动,而本部内部也存在着尖锐的矛盾。年少的松赞干布即位后表现出少有的机智与果断,对当时的叛变者进行毫不留情的打击,结果使叛离的庶民复归。而苏毗(今藏北青南一带)的再次归服,使雅砻部落的根基更加稳固。

这一时期,松赞干布还制止了内部的一场危机,识破了图谋叛变的后藏大臣琼保·邦色苏孜的阴谋,并使其在走投无路的情况下畏罪自杀,从而使后藏地方从此得以安定。松赞干布在一次次的政治斗争中所表现出的英明干练、超群智谋和惊人胆识使他的扩张计划一步步得以实现。内部危机过去后,辽阔的象雄(羊同,今西藏阿里)成为他征服的下一个目标。他一方面与其联姻结好,一方面公开出兵征讨,不久,就将其纳于治下。

在北部地区,松赞干布征服苏毗以后,就开始征服吐谷浑,并侵并唐朝治下的部分州县。在东部,征服隋代汉文史书中所记载的附国、嘉良夷和薄缘夷等,把势力深入到今四川西部地区。在南部,松赞干布把势力扩张到了今天的尼泊尔地区。

松赞干布的南征北战,使青藏高原上的部落邦国大多归其所辖,从而结束了这一广大地区长期以来的封闭状态与邦国林立、互不统属的局面,强大统一的吐蕃王朝从此诞生。青藏高原地区的统一，促进了当地政治、经济、文化的全面发展，同时为发展唐蕃关系奠定了基础，也为后来西藏进入祖国版图创造了条件。

松赞干布完成统一大业后，为了更有效地控制西藏高原，巩固吐蕃王朝的统一，先后采取了定都逻些、巩固王权、确定文武官制、制定法律、发展经济、创制文字等一系列行之有效的施政措施，使吐蕃成为强盛的奴隶制国家。他的光辉业绩，使他成为藏族历史上伟大的民族英雄，赢得了藏族人民的热爱和尊敬。

吐蕃王朝建立后，虽然一直在积极扩边，但统治阶层也看到了当时更为强大的唐朝的实力，因而积极加强与唐朝的联系，大力吸收中原地区先进的科技文化。松赞干布还是一位虔诚的佛教徒，为了在吐蕃弘扬佛法，很希望从尼泊尔和汉地迎请释迦牟尼8岁和12岁等身像，这也是他迎娶尺尊公主和文成公主的动机之一。从公元641年文成公主远嫁吐蕃、两国甥舅关系建立到公元649年唐高宗册封松赞干布为驸马都尉（官职）、西海郡王、賨王（封爵）再到金城公主入蕃，使唐蕃间确立了亲密的关系，加强了政治、经济和文化交流，大大增进了藏汉人民的友谊。

艳羡华风　诚恳求亲

7世纪初，中原地区发生了隋末战乱，经过数年的战争，李渊父子于618年以长安为都城建立了大唐帝国，国势非常强盛，成为当时东亚地区文明的中心，对周边少数民族政权产生了强烈的影响，他们纷纷与唐朝修好，或称臣内附，或纳贡请封，从而促进了汉族与其他少数民族的交流与联系。

当唐帝国称霸中原时，松赞干布也已称雄雪域高原，完成了对一些邦国的兼并，定都逻些（今拉萨），建立了统一的吐蕃王朝。羡慕大唐富庶与繁荣的松赞干布虽然在公元636年向大唐求婚受挫，但他想与唐朝联姻交好的心愿却并没有轻易放弃。公元641年，他又派遣大相禄东赞献黄金5000两和其他宝物珍玩数百件再次向唐朝请婚。见吐蕃态度真诚，心意诚恳，唐太宗终于以宗室女文成公主许与松赞干布，并命礼部尚书江夏郡王李道宗主婚，持节送公主至吐蕃。于是文成公主在唐蕃专使及侍从的陪同下，踏上了西去的漫漫古道。

松赞干布十分倾慕中原文化，与唐公主成婚后不久，他脱掉毡袍革裘，改穿绫罗绸缎，并派吐蕃贵族子弟到长安读书求学，吸收中原文化。唐朝也不断派出各类工匠到吐蕃，传授各种技术。

公元649年，唐太宗李世民去世，新君高宗李治继位后，遣使入蕃告哀,以松赞干布为驸马都尉,封西海郡王。松赞干布欣然接受了唐朝的官爵封号,并致书司徒长孙无忌等人说:"天子初即位,若臣下有不忠之心者,当勒兵以赴国除讨。"同时,还献金银珠宝十五种,请求置于唐太宗灵柩之前,表示深切哀悼和怀念之情。唐朝刻了他的石像列在唐太宗的昭陵前,以示褒奖。

婚使闯关　唐王许婚

据民间传说,当时迎请唐朝公主的使者除吐蕃人之外,还有印度、大食和吐谷浑诸国的求亲使团。各处婚使都希望能迎回大唐公主做自己国王的妃子,一时让唐太宗很是为难。为了做得公平合理,唐太宗决定在婚使中搞一次智力测验,以才智定高下,谁胜利了,便可把公主迎去,失败的则知难而退。于是,各国婚使间便展开了一连串比巧斗智的竞争。结果技高一筹、富于智慧的吐蕃婚使禄东赞取得了胜利。有关禄东赞出使长安,以及他运用聪明才智,勘破了唐皇设的一道道难题,终于为松赞干布娶回温柔善良的文成公主的故事,在藏族民间故事中有许多记载。

这是一个普遍流传在藏族各个地区、人人皆知、个个乐道的故事。唐皇设的第一道题是将绫缎穿过凿有九道弯曲孔道的珍珠。其他使臣抢先接去试穿,绞尽脑汁,用尽招数,可是怎么也穿不过去。这时，禄东赞则不慌不忙坐在一棵大树下想办法，结果从爬行的蚂蚁身上得到启示。他将一根丝线的一头系在蚂蚁腰上，另一头缝在绫缎上，并在九曲孔眼端抹了一点蜂蜜，把蚂蚁放到曲孔另一端。蚂蚁闻到蜜香，带着丝线，顺着弯曲的小孔爬去。爬了一阵丝线忽然不动了，原来蚂蚁太累了，在半道休息呐。禄东赞很是着急，忙顺着孔眼往里慢慢吹气。这时，蚂蚁也歇过劲来了，便借助吹气的力量，很顺利地从那边爬出来。由于拉着丝线爬弯弯曲曲的路，特别费劲，所以蚂蚁的腰部都被勒得细细的了。禄东赞见蚂蚁爬出来，十分高兴，赶紧抓住丝线，慢慢拉扯，把丝带也拉过来，成功地穿在了明珠上。

第二道题是令各国的使者各领100只羊，100坛酒，要求将羊杀了，剥光皮、吃光肉，揉好皮、喝完酒。其他使者有的肉没吃完人已大醉，根本就顾不上揉皮子。而禄东赞让随从们慢慢地小碗喝酒，边吃边喝边揉皮子，这样一边吃一边运动帮助消化，等到肉吃完、酒喝干，皮子也揉好了，于是顺利完成了皇帝交给的任务。

第三道题是命令使臣辨认出100匹母马和100匹马驹各自的母子关系。各国的婚使不是按毛色区分，就是照老幼搭配，或者

婚使闯关 （壁画）

是以高矮相比来区分，结果都以失败告终。而禄东赞把母马和马驹分别关起来，一天里只给马驹投料，不给水喝。第二天，将100匹小马驹放到母马群中，口渴难忍的小马驹都纷纷扑向母亲吃奶，它们的母子关系就被轻易地分辨了出来。

第四道题是让婚使分辨出100根粗细一样的木头的根和梢。其他使臣一筹莫展，禄东赞则将木头全部推进水里，根部略重全部沉下，树梢轻而浮在水面，哪是根、哪是尾一眼便能认得一清二楚。

第五道题是夜晚出入宫门不迷路。一天夜里，宫中突然鼓声阵阵，皇帝传召各国婚使赴宫中商量事情，走的是左绕右拐极为复杂之路。聪明的禄东赞马上意识到这也是一场考试，于是在前往途中做了一些路标。果然进宫后皇帝又命他们按来时的路返回，途中不能走错，结果又是禄东赞又快又准。

第六道题是辨认公主。300名宫女衣着打扮一样，相貌相似，分左右两侧排列宫中。唐太宗亲自主试，令使臣们从中认出文成公主。使臣们被众多相似的宫女弄得眼花缭乱、不知所措。禄东赞却顺利地指出左列中第6位就是文成公主。原来细心的禄东赞已从服侍过文成公主的奶娘处打听清楚了公主的模样和特征,得知公主眉心有一颗小朱砂红痣,因而一认就准。

婚试结束后,唐太宗非常高兴,他似乎从聪明的禄东赞身上看到了整个吐蕃的兴盛之象,于是欣然答应了吐蕃的请婚,决定将宗室女文成公主许配给吐蕃赞普松赞干布。据说唐太宗很欣赏禄东赞的才智,想把琅琊公主的外孙女许配给他,但是被禄东赞以已有发妻而婉言谢绝。

松赞干布与唐和亲的愿望经过种种磨难,终于在大臣禄东赞的不懈努力下顺利实现。从此,唐蕃之间开始了和平为主的友邦之交。

上述传说故事受到藏族人民的广泛喜爱,后来还被编成藏戏搬上舞台。有的情节还被画成壁画,历史学家也把其中的主要情节写进自己的历史著作中。这个故事之所以受到藏族人民群众的一致喜爱和重视,不仅是因为故事情节波澜起伏,引人入胜,更重要的是传说表现了藏族人民十分珍视汉藏兄弟民族团结友爱的感情,并赞扬了对两族团结的加强和发展做出了贡献的人物。在这里,禄东赞这个人物形象,在很大程度上变成了劳动人民智慧的集中代表。

示礼遇，松赞干布柏海迎亲

干戈初息　和亲相踵

隋唐时期，西北地区尤其在地域辽阔的青藏高原地区，活跃着许多大大小小的羌人部落，其中比较著名的有前面已经提到的苏毗、羊同以及党项诸部等。

苏毗，史书上称为东女国，主要活动在今青海玉树地区和西藏那曲河东部一带，是一个有10万多人口的羌人部落集团。据说苏毗社会中，女子的地位普遍比男子高，一个女子可以"娶"好几个丈夫，而男子却不能，他们只管从军打仗。苏毗部落的王也多由女人来担任，王之外还有一个小王，平时辅佐王处理国家大事，一旦王去世，就由小王继承王位。苏毗羌人居住的地方盛产食盐、朱砂、蜀马，善于经商的苏毗羌人就用本地特产与西域、印度开展贸易，一度也曾号称强大。

羊同羌人生活在今西藏阿里地区，以畜牧业为主。羊同国由四个比较大的部落组成，国内设有四大臣，负责管理国家日常事务。大约在吐蕃赞普达布聂西（一作达日年塞）时，羊同王里格奈舒加强了对四大部落的控制，使羊同的势力进一步增强。唐贞观五年(631年)，羊同派人不远千里来到唐朝进贡。唐贞观十五年(641年)，羊同再次派使者到唐朝进贡，得到唐太宗的赞赏。

到松赞干布时期，强盛起来的吐蕃进一步扩大其扩张范围，苏毗、羊同无一幸免地先后成为强大吐蕃的属部。后来在吐蕃与唐朝之间连年的战争中，大量的羌人被征调从军，作为吐蕃军队的主力和精锐冲锋陷阵，为吐蕃的强盛和繁荣付出了沉重的代价。

早在唐朝与吐蕃建立关系之前，吐蕃与吐谷浑就是所谓的"甥舅之国"。但是吐蕃在积极推行扩张策略时，吐谷浑所处的河源地区及青海环湖地区的丰美水草对吐蕃具有极大的诱惑力。因此，随着吐蕃国力的强盛，它向吐谷浑地区的扩张也就成了势所必然的事。而吐谷浑与唐朝之间时好时坏的关系也为吐蕃的扩张提供了契机。

吐谷浑从唐贞观元年（627年）就开始屡屡兴兵犯唐，终于使唐朝决定对其进行征讨。唐贞观九年（635年），唐以李靖为西海道行军大总管，兵部尚书侯君集为积石道行军总管，任城郡王李道宗为鄯州道行军总管，胶州郡公李道彦为赤水道行军总管，凉州都督李大亮为且末道行军总管，利州刺史高甑生为盐泽道行军总管，兵分五路进讨吐谷浑。

此时的吐谷浑，可汗伏允年老昏聩，大权旁落到大臣天柱王手中，诸王各据一方。贞观初年，党项诸部归附唐朝，吐谷浑失去了同盟军。李靖等奉命西征吐谷浑，是唐朝对吐谷浑长期以来不断袭扰边境的有力回击。唐军声势浩大，步步为营，因地制宜，部署周密，很快就瓦解了吐谷浑国。在这样强大的攻势之下，吐谷浑军屡战屡败，最终举国投降了唐朝。

为了遏制吐蕃势力的发展，唐朝赐封吐谷浑慕容顺为西平郡王。但慕容顺因为长期在隋朝作人质，国人多不服其任可汗，不久就被部下杀死。他的儿子燕王诺曷钵在唐朝的支持下继立为吐谷浑王。唐朝势力进一步深入吐谷浑地区，吐谷浑完全成了唐朝的属国。吐谷浑和唐朝和好如初，关系日益密切。大唐皇帝李世民雄才大略，顺应历史潮流，与吐谷浑、吐蕃和亲，开创了与西部少数民族政权友好交往的局面。

兵戎撤去，荒凉的边疆出现了一队西行的豪华车辇，这支庞大的队伍在不久前吐蕃大军东征掠地的战争之路上，踏出了一条唐蕃之间的友谊之路。可以说，这场唐蕃和亲，化干戈为玉帛，开辟了当时历史新的局面。

从此，古道流芳……

河源筑馆　柏海迎亲

唐贞观十五年(641年)，唐太宗命礼部尚书江夏王李道宗持节送文成公主、唐蕃专使赴吐蕃成婚。据一些汉藏文史书记载，文成公主出嫁的队伍非常庞大，唐太宗准备的嫁妆也非常丰厚。

文成公主入藏时除带有诸种府库财帛、金镶书厨，诸种金玉器具，诸种造食器皿、食谱、玉辔与金鞍，诸种花缎、锦、绫、

迎亲图

罗与诸色衣料外，还携带有大批佛教经典及医学、工艺等方面的书籍，随行有六百名侍者，组成成员除文成公主陪嫁的侍婢外，还有一批文士、乐师和农业技术人员，俨然一个"文化访问团"和"农技队"，这些人的入蕃，有力地推动了吐蕃的文明进步。

文成公主一行从长安出发，一路西行，经甘、青两地入藏，其中一半以上的路程在青海省境内，是最为艰险的路段。文成公主入藏途经日月山至黄河源一带时，受到先她一年嫁到吐谷浑的弘化公主的隆重接待。同样的命运，走着同样和亲之路的姐妹在今青海境内相聚，别有一番滋味在心头。而吐谷浑王诺曷钵更是大尽地主之谊，携妻对文成公主的到来表示了格外亲切的欢迎。双方致礼问候后姐妹间自有道不尽的千言万语。诺曷钵为表示对大唐帝国的诚意，还特地为文成公主修了个行馆。行馆的准确位置现已很难确定，推测在今兴海县县城略北龙曲古城（一说在兴海县河卡乡北部一带）。

多年来一直想与唐朝结亲的松赞干布夙愿得以实现，十分兴奋，于是亲自率领侍从和卫队从拉萨前往柏海（今青海的鄂陵湖和扎陵湖区域）迎亲。并在柏海西边山包上安扎大营，修建行馆恭候。

柏海一带地域宽广，水草丰美，不仅是我国古代游牧民族放牧养畜的天然牧场，而且地处中原通往西藏的交通大道。据记载，早在先秦时期，青海羌人的一些部落曾经此地迁往西藏地区。秦汉之际,古老的羌人仍在这一带从事游牧生活,他们饲养的牦牛、绵羊、马等远近闻名。东汉桓帝延熹年间,护羌校尉段颎与羌人大战时,曾到过这里。到了唐代,随着中原与边疆交往的频繁,这里更成了南来北往的重要道路和兵家必争之地。唐太宗贞观九年(635年),唐军与吐谷浑余部在这里进行过河源之战,侯君集、李道宗等在此北望积石,观看自然景观(当时的人认为这里即是黄河源头)。

这次唐蕃送亲和迎亲双方又在此地见面。双方见面时,松赞干布拜见李道宗,恭谨地奉行子侄之礼,不断叹服大唐帝国服饰礼仪之美,俯仰之间表现出一种仰慕和自愧之色。李道宗请出文成公主与松赞干布相见,这位驰骋高原的吐蕃赞普见到身着华美盛服、神态端庄、气度文雅的文成公主,不禁为她不同于吐蕃女子的风韵而吸引。而文成公主所见到的松赞干布,虽然被高原的烈日和狂风塑造得黝黑而粗犷,但配上他高大健

扎陵湖　　　　　　　　　　鄂陵湖

壮的身材和眉宇间流露出来的豪爽之气,也显得十分英武,娇羞的文成公主心中也是暗自庆幸,自己算是嫁了一个伟丈夫。李道宗以叔父的身份,在行馆中主持了松赞干布与文成公主的婚礼。这个名叫"周毛松多"的行馆遗址今天仍然存在,它已成了唐蕃亲密友好的历史见证。

　　隆重的迎接仪式后,松赞干布携公主前往逻些(今拉萨),回到拉萨之后,举行了盛大的婚礼。文成公主抵达拉萨时,人们载歌载舞,欢腾雀跃。吐蕃民众为了欢迎她的到来,还举行了盛大而隆重的赛马会。据说藏族一年一度的盛夏赛马会由此而来。藏族歌谣"公主答应来西藏"详细唱出了藏族人民热烈欢迎文成公主的场面,并以高昂的激情歌颂了文成公主入藏的史实,充分表达了藏族人民对文成公主的热爱和对汉藏两族友好联姻、团结互助的重视和珍惜之情。松赞干布对自己能娶文成公主为妻十分高兴,他说:"我的父祖辈没有一个人能和上国通婚,我能娶大唐公主为妻,深感荣幸,当为公主筑一城以夸示后代。"据说这个城就建在拉萨墨竹工卡县的嘉玛。

　　由文成公主远嫁而开辟的唐蕃古道,长路漫漫,行走艰辛,但却是文成公主和亲后的一大盛事。为以后汉藏两族兄弟情谊的进一步发展,开辟了宽广的"黄金大道"。

第二章 古道畅通 汉藏团结

唐蕃古道并非一日间突然形成,而是伴随着历代君王对疆域的着力经营逐步形成的。

白寿彝先生在《中国交通史》中说:"疆域所及即是交通所至。"唐蕃古道并非一日间突然形成,而是伴随着历代君王对疆域的着力经营逐步形成的。也就是说,唐代以前,内地经今青海省进入今西藏自治区的交通道路就早已存在,文成公主入蕃古道名声远扬,也使古已有之的这一路段的路线进一步定型。

伴随着唐蕃古道的畅通,唐蕃双方通过政治上的联姻,军事的交相接触,使者的相互往来,经济、生产的相互渗透,文化、风俗的彼此影响,汉、藏两族以及边疆各族人民紧密地联系在了一起,同时,也给古道本身带来了众多的胜迹和传奇。唐蕃古道从长安到拉萨,沿途穿过富饶的秦川、沟壑深切的黄土丘陵和积石山峡谷,然后沿湟水而上进入雄伟广阔的青藏高原。从赤岭向西南，穿越茫茫草原和无数沼泽湖泊，渡过黄河与通天河，翻过茫茫雪山，一路有看不尽、数不清的壮丽风光；从中原到西部藏地，现存汉、回、蒙古、藏等多民族的生活与文化迥然有异，衣食住行、生老病死、农耕游牧、土风俚俗、民间艺术各具特色，一路有说不完的故事，听不完的歌。至今，在古道经过的许多地方，仍然矗立着唐以来所建筑的城镇、村舍和古寺，遗留着人们世代创造的灿烂的文化遗存，传颂着数不清的反映汉藏人民友好往来的动人佳话。

长路漫漫，名胜多多

唐蕃通道　古已有形

　　根据考古学资料证明，被雪山封锁的西藏高原，远古以来就不是一个完全孤立的地方，高原上的原始居民一直在努力开辟通向内地的道路。

　　河湟地区作为古代内地至西藏交通道路的中介，早期居住的古羌人做出了不可低估的贡献。据《后汉书·西羌传》载：舜帝将原居今湖南衡山附近的三苗之一部迁移到三危河关（今循化县东积石关口外黄河沿岸）西南地区的赐支河（黄河弯曲处）沿岸，与原来的土著居民长期杂处，融合发展，渐渐形成了强大的羌人部落。其实在三苗迁来之前，这块土地上就有土著居民活动的丰富遗存,马家窑文化、宗日文化、齐家文化都是古羌人先民创造的文化,羌人创造的卡约文化遗存更是遍布今青海省全境。卡约文化时,羌人逐水草而居,以游牧为生的生活方式使其活动范围大为扩展。羌人活动范围的扩大促进了道路的开辟,也大大带动了道路间的相互联系。

据《后汉书·西羌传》记载,秦厉共公时,有个叫爰剑的羌人被秦人掳去,充当奴隶。爰剑是位有志之士,不甘为奴,于是他想尽办法,寻找机会逃离秦国。后终于逃脱,辗转来到三河——黄河、湟水、大通河(或大夏河)之间,将从秦人之地学到的较为先进的农牧业生产技术传授给这里的羌人,使羌人的农牧业生产逐渐得到发展,羌人人口也日益增多。自爰剑以后,羌人发展更快。后来爰剑之孙卬、曾孙忍,以及其后裔迷唐羌远徙至西藏高原的历史,说明河湟地区至西藏间,秦汉以前、甚至于更早的时候起,就已经存在着一条比较畅通的交通路线,它为后来唐蕃古道的形成和发展,以及内地、河湟、西藏等地各族人民的频繁往来和密切联系奠定了基础。

汉唐之世,中原历代君王,无不着力经营河湟,于此设郡置县,屯田戍边,以确保中原通向西域大道的畅通无阻,从而大大促进了中原地区与河湟地区的政治、经济与文化交流,也发展了河湟地区的交通道路。松赞干布统一青藏高原诸部，建立起统一的吐蕃王国之后，与唐王朝的关系也不断发展，双方来往使者不断增加，这无疑也推动了这条交通路线的最终形成。

河湟、西藏地区，由于地处高原，境内地势高峻，重峦叠嶂，河流众多，交通运输受其制约，具有鲜明的高原特点。一是路线走向必须沿着水草丰茂的地区通过，以解决牲畜的水草需求；二是山高路险，冰峰耸立，江河纵横，交通道路特别是边境通道，都有较固定的隘口、古渡，扼天险而控制交通。所以这一地区的交通道路一经开通，道路走向具有一定的稳定性和连续性，一般不会发生太大的变化。因此，由河湟至西藏的交通道路，可以说在唐代以前已基本定型。

意义重大的唐蕃和亲带来了古道的繁荣，也使唐蕃古道路线更趋稳定。这条贯穿黄土高原与青藏高原的道路，如今有的区段变成现代公路，得以继续沿用。

古道虽历尽沧桑，她的历史地位和作用却历久弥新。

公主入蕃　古道定型

伴随着文成公主与松赞干布联姻的成功，双方使者的往来不断增加，人民之间的接触日益频繁，唐蕃之间的友好大道——唐蕃古道正式形成。唐蕃古道是我国古代历史上一条非常著名的交通大道，也是唐代以来中原内地去往青海、西藏乃至尼泊尔、印度等国的必经之路。唐蕃古道的开通，在祖国内地与西藏高原之间架起了一座友好交流的桥梁，在历史上发挥了极为重要的作用。

关于文成公主进藏的路线问题，曾经有过不同的看法，最主要的有三种说法：一是认为文成公主由今天的川藏公路入藏，即由西安出发，经过宝鸡、天水、文县、松潘、金川、丹巴、康定，渡长江，经玉树入藏抵拉萨；第二种看法认为文成公主由今天的青藏公路入藏，即从西安出发，经西宁、日月山、倒淌河、都兰、格尔木，逾唐古拉山，过黑河而抵达拉萨；第三种说法认为文成公主是由甘、青、藏一带藏族自古沿用的入藏大道（亦称入藏朝佛大道），即经天水、临洮、兰州、乐都、西宁、日月山、恰卜恰、温泉、黄河源，越巴颜喀拉山，由清水河镇至玉树，逾唐古拉山经西藏那曲而入藏的。目前学术界已基本达成共识，即公认第三种说法符合文成公主进藏所走的道路。这条道路途经玉树地区。而玉树地区通往西藏的道路又比较多，虽然起点（称多县清水河镇）和落点（西藏的那曲）是一致的，但具体走法却有较大区别,大致有西线、中线、东线三种不同说法。西线是说从清水河经今曲麻莱县,大体溯通天河西南行,过郭由拉山口经西藏的那曲至拉萨;中线是说从清水河经今玉树市、杂多县,出查午拉山口,过那曲至拉萨;东线是说经今玉树市、囊谦县及西藏的丁青县、巴青县,过那曲至拉萨。每种路线都有一些民间传说作为依据,如囊谦县达那寺有个法轮,据传是文成公主亲自推动开始旋转的,后人从公主手中接过来轮流推动,使法轮每时每刻都在不停地转动,迄今已有1300多年。究竟文成公主走的是哪一条线,目前还难下最后的定论。本书取较多人的看法,认为从称多县经玉树巴塘、囊谦的入藏之路,即上文所述东线,是文成公主进藏的路线。而由称多县清水河镇西南行,经扎多乡、尕朵乡,在吾云达一带过通天河,经玉树市安冲乡、哈秀乡、隆宝镇(结隆)至杂多县子曲桥,出查午拉山口的入藏大道,即上述的中线,为唐代设驿官道,是唐蕃古道的正道。根据卢耀光先生的看法,所谓"唐蕃古道"是文成公主进藏以后才建立起来的,因而文成公主入藏的路线和唐蕃之间官方所设的正驿大道是两个不同的概念,两者未必完全相同,某些区段肯定是不一样的,不能相提并论。我们赞同这一观点。

文成公主进藏的这条古道即唐蕃古道一般被分为东段和西段。东段是指长安(今西安)至鄯城(今西宁)的路段,约有

928公里；西段是指鄯城至逻些（今拉萨）的路段，约有2125公里。当时文成公主一行从长安出发，经秦州（今甘肃天水市）、狄道（今甘肃临洮）、河州，自炳灵寺渡黄河入鄯州境内龙支城（今青海民和县柴沟乡北古城），再傍湟水西行直达鄯城。然后自鄯城出发，西越赤岭（今日月山），进入吐谷浑境内，西南行至柏海后入藏的。

东段的道路，与历史上"丝绸之路"的走向大体上是一致的。从史料上来看，这条道路至迟在隋代已成为有史可据的具有"官道"性质的大道，成为联系中央与陇右地区诸州、郡、县之间的要道。唐代以来，为了保证中央与河湟地区交通的畅通，在由关中通往河湟一带的沿线多置驿馆，维修道旁的州（郡）、县城堡，还新筑或迁筑了一些州（郡）、县于道路沿途，使得道上城寨、驿馆相连，形成唐代长安至鄯城一线的正驿官道。据《武经总要》《元和郡县图志》等史籍所载，唐蕃古道的具体走向是：今陕西省西安市（唐都长安）—咸阳市（唐咸阳县驿）—兴平县（唐兴平县驿）—马嵬镇（唐马嵬驿）—武功县（唐武功县驿）—扶风县（唐扶风县驿）—岐山县（唐岐山县驿）—凤翔县（唐凤翔府治）—乾县（唐汧阳县驿）—陇县（唐汧源县，为陇州治，有驿）—甘肃省天水市（唐上邽县，为秦州治，有驿）—甘谷县（唐伏羌县城)—武山县(唐陇西县城)—陇西县(唐襄武县城,为渭州治)—渭源县(唐渭源县城,西有武阶驿)—临洮县(唐狄道县城,为临州治)—广河县(唐大夏县城,西有大夏川驿)—临夏市(唐枹罕县城,为河州治,有驿)—莲花镇(唐凤林县城)—炳灵寺(唐凤林关戍地)—民和县古鄯镇(唐龙支县城附近)—乐都县(唐湟水县城,为鄯州治,陇右节度使衙在城内,有驿)—西宁市(唐鄯城县城,有河源军城及驿站)。

唐代文献表明,唐使入吐蕃,多经由此道。如《全唐文》载唐使吕温入蕃,系由清水县(今甘肃清水县)经河州(今临夏)

民和古鄯

往蕃；《新唐书·吐蕃传》载刘元鼎入蕃，也是经过临州、兰州而至青海的。需要说明的是，古道东段至临州以后，又有两条道路可通达鄯州，一条是由河州（今甘肃临夏）至鄯州，另一条是经兰州至鄯州。河州至鄯州一道较为流行，为正道，经兰州之道为辅道。如炳灵寺石窟内发现的《炳灵寺记》题记中，便记载有唐开元十九年（731年）朝内御使大夫崔琳率71人使团入蕃，道经河州炳灵寺时所留下的题名。藏文史籍《安多政教史》亦载唐文成公主入蕃时，曾在炳灵寺作短期停留，并雕刻有八丈佛像一尊等，这些遗迹，都反映出唐代入蕃驿道河州道所居的重要地位。

唐蕃古道的西段，是指由鄯城县至吐蕃逻些的官道，其道程《新唐书》卷40《地理志》"鄯城县"条下有翔实记载。然而由于这一区段人烟稀少，像东段那样从唐代延续至今的城镇几乎没有，加之年代久远，古今地名差异很大，因此对这一区段古道的具体走向、古驿站今地的确定比较困难，许多学者对此做了研究，但长期以来众说纷纭。1983—1985年间，在青海省文化厅的组织下，成立了由卢耀光研究员任队长的"唐蕃古道考察队"，深入唐蕃古道西段进行了为期6个多月的实地考察，取得了很有价值的成果。本书对唐蕃古道西段走向的认定，多从其说。下文在引述《新唐书·地理志》原文的同时，采纳学术界相对公认的研究成果对其中大部分今地作简短注释：

鄯城县"有河源军（军城在今西宁市古城台），西六十里有临蕃城（今湟中县多巴镇），又西六十里有白水军（今湟源县东之北古城）、绥戎城，又西南六十里有定戎城（今湟源县日月乡克素尔古城），又南隔涧（今湟源县药水河）七里有天威军，军故石堡城（大小方台）……又西二十里至赤岭（日月山），其西吐蕃，有开元中分界碑。自振武（即石堡城）经尉迟川（今称倒淌河）、苦拔海（今称尕海）、王孝杰米栅，九十里至莫离驿（今共和县恰卜恰镇北东巴古城，一说在共和县达连海一带），又经公主佛堂（约在今兴海县县城略北哇滩古城，一说在今兴海县河卡乡一带）、大非川（今兴海县大河坝河上游）二百八十里至那录驿（水塔拉河中游地区），吐谷浑界也。又经暖泉（今温泉）、

| 湟中县多巴镇 | 共和县倒淌河镇 | 共和县恰卜恰镇北东巴古城（唐代可能曾是莫离驿地） |

烈漠海（今苦海），四百四十里渡黄河，又四百七十里至众龙驿（今称多县清水河镇，镇南有崇陇峒滩，'崇陇'与'众龙'音近）；又渡西月河（今称多县扎曲，'扎曲'藏语意为'发源于月亮一样泉眼中的河'），二百一十里至多弥国西界。又经氂(lì)牛河（又作牦牛河，今通天河）度藤桥（今称多县尕朵乡吾云达一带通天河渡口），百里至列驿（今玉树县隆宝镇，原名结隆乡）。又经食堂、吐蕃村（今玉树县年吉措，又名野鸡海）、截支桥（今杂多县子曲桥），南北两石相当（据唐蕃古道考察队实地考察，

图一　苦海
图二　称多县清水河镇（唐代曾是众龙驿地）
图三　玉树县隆宝滩镇
图四　截支川
图五　大月河（今扎阿曲）畔的扎西那吾寺

杂多县扎曲河

今杂多县子曲桥东约 8 公里的给沙扁地方确有两块巨石,各长约 20 米、高约 15 米、宽 8~10 米,一南一北兀立于子曲两岸草地,相距约 500 米,格外引人注目)。又经截支川(今杂多县子曲河谷),四百四十里至婆驿(杂多县子曲河上游子野云松多一带),乃度大月河(今杂多县扎曲河上游扎阿曲)罗桥(约在今扎尕拉松多一带),经潭池、鱼池,五百三十里至悉诺罗驿(今杂多县当曲以北莫云乡与原查当乡之正中一带),又经乞量宁水(今杂多县当曲)桥,又经大速水(今西藏聂荣县索曲)桥,三百二十里至鹘莽驿(今西藏聂荣县北),唐使入蕃,公主每使人迎劳于此。又经鹘莽峡十余里,两山相崟,上有小桥,三瀑水注如泻缶,其下如烟雾,百里至野马驿(今西藏聂荣县东北的白雄附近)。

西藏那曲,唐时曾是阁川驿地　　　　　拉萨市北羊八井镇,唐时曾是农歌驿地

经吐蕃垦田,又经乐桥汤,四百里至阁川驿(今西藏那曲)。又经恕谌海,百三十里至蛤不烂驿(今那曲南桑雄),旁有三罗骨山,积雪不消。又六十里至突录济驿,唐使至,赞普每遣使慰劳于此。又经柳谷莽布支庄,有温汤,涌高二丈,气如烟云,可以熟米。又经汤罗叶遗山及赞普祭神所,二百五十里至农歌驿(今拉萨市北羊八井)。逻些在东南,距农歌二百里,唐使至,吐蕃宰相每遣使迎候于此。又经盐池、暖泉、江布灵河,百一十里渡姜济河,经吐蕃垦田,二百六十里至卒歌驿(今曲水)。乃渡藏河,经佛堂,白八十里至勃令驿鸿胪馆,至赞普牙帐,其西南拔布海(今羊卓雍湖)"。

　　西段入蕃驿道同东段驿程一样,是在本地区居民披荆斩棘长期探索、开拓的基础上形成的。而明清以来人们通常说的入藏大道(西宁至查午拉山口段)基本上与西段入蕃驿道的走法一致,尤其是那曲至拉萨一段,与近现代公路的走向几乎完全重合。可见,青海通西藏的道路自古以来除少数地段有多种走法外,其主要路段基本无太大变化,有着悠久的连续性。

千年帝都　古城长安

唐蕃古道的起点长安（今西安），位于富饶美丽的关中平原中部，南依秦岭，北临渭河。它与雅典、罗马、开罗并称为世界四大文明古都。自公元前11世纪起先后有周、秦、汉、唐等13个朝代在此建都。中华五千年文明史在这里留下了丰富的历史遗迹，也积淀了丰厚的人文景观。

西安大雁塔

围绕着古城西安走一圈，你就会发现这里处处留有深厚的古文化底蕴。被视为古都西安象征的大雁塔，矗立在西安南郊的大慈恩寺内，无声地言说着唐玄奘在此译经的往事；迄今世界规模最大、保存最完整的古城垣，仿佛一位睿智的老人，向人们诉说着这座城市辉煌的过去；号称世界第八大奇迹的秦始皇兵马俑军阵，更是以一个埋藏了两千多年的地下军阵，向人们展示着古帝王曾有过的庞大气势……

相传该塔是唐僧从印度取经回来后，专门藏经和从事译经之处。因是仿印度雁塔样式修建的，故名雁塔。由于后来又在

西安古城墙

长安荐福寺内修建了一座较小的雁塔,为了区别,人们就把慈恩寺塔叫大雁塔,荐福寺塔叫小雁塔,一直流传至今。大雁塔共七层,每层四面各有一个拱券门洞,凭栏远眺,长安风貌尽收眼底。唐末以后,寺院屡遭兵燹,殿宇多次被焚毁,只有大雁塔巍然独存。

想象大唐帝国当年的繁荣,长安城的气势也可见一斑。据《中国通史》第六卷"隋唐时期"载:"外郭城中有东西向的南北十四街,南北向的东西十一街。"外郭城之北兴建的大明宫为重要朝会之所,宫殿雄伟,气势磅礴,使本来整个长方形的城池在东北隅外突出了一大块。"皇城内的南北七街和东西五街合起来的十二街,当时人们多以之代表长安城。白居易诗中就曾有'下视十二街,绿树间红尘'之句"。有3100年建城史的长安,历代都修筑城墙。可以说,古城墙上的每一块城砖,犹如古书函,都是解读这座十三朝古都的典籍。而现存的位于西安市中心区的古城墙,专家认为是明朝初年在唐皇城的基础上建成的。这座古城非常重视防御,城墙的厚度大于高度,墙顶可以跑车和操练，稳固如山。该城建成后历经三次大的整修。明隆庆二年（1568年）陕西巡抚张祉主持的整修使土城变成砖城；清乾隆四十六年（1781年），在陕西巡抚毕源主持下又对城墙和城楼进行了整修；1983年以来，陕西省和西安市人民政府对这座古城墙进行了大规模修缮，补建已被拆毁的东门、北门箭楼、南门闸楼、吊桥，并建成环城公园，从而使这座古建筑焕发了昔日风采，成为西安的一大旅游景观。

古城墙呈长方形，全长约13.74公里，墙高12米，覆盖于隋唐时期的皇城之上。整座城墙，包括护城河、吊桥、闸楼、箭楼、正楼、角楼、敌楼、女儿墙、垛口等一系列设施，构成严密完整的中世纪古城堡，是我国现存最完整的一座古代城垣建筑。有专家认为，古城墙是这座十三朝古都地面之上最辉煌的建筑遗存，其价值可以说无与伦比。唐代，作为"百千家似围棋局，十二街如种菜畦"的世界上最大的都城，说它俨然是一个世界文明中心也不为过。著名的唐蕃古道就起始于这里。

曾经辉煌的关中平原在向今人诉说它悠远历史的同时，也将它源远流长、影响广泛的民间艺术展示给了我们。种类繁多、精细秀丽的剪纸艺术，高亢激昂、要求用真嗓音演唱的秦腔，有着数千年历史传统的民间手工艺美术品凤翔彩绘泥塑，久负盛名的合阳县面花，体现陕北高原民众憨厚朴实、悍勇威猛个性的安塞腰鼓，陕西影子戏等，都展示出西北黄土高原农民朴素而豪放的性格，张扬出独特的艺术个性。

丝路明珠　天水名胜

唐蕃古道西入甘肃，第一个重镇就是著名的中国历史文化名城——天水。天水市位于甘肃省东南部，东接关中，南抵巴蜀，西倚甘南，北扼陇坻，是陇东南政治、经济、文化中心。境内气候湿润，夏无酷暑，冬无严寒，四季分明，景色秀丽，被誉为"陇上江南"、丝绸之路上的一颗明珠，历史上曾有成纪、上邽、秦州等称谓，是中华民族和中华文明的发祥地之一。已探明和发掘的原始社会、周、秦、汉古遗址，李广墓、赵充国墓及文化品位极高的宋墓群等古墓葬，"街亭""天水关""诸葛军垒"等三国古战场遗址都使这座以"羲皇故里"著称的城市有了独具特色的旅游胜景。

有"中国第四大石窟"美誉的麦积山石窟就位于天水市东南45公里处。麦积山为典型的丹霞地貌，因形如农家麦垛而得名，山崖拔地而起，高80米，山势险峻，周围绿树成林，环境清幽。西汉末年，麦积山已成为天水名将隗嚣的避暑宫。十六

麦积山

国后秦（384—417年）时期，开始修凿石窟，后经北魏、西魏、北周、隋、唐、五代、宋、元、明、清十多个朝代，1500多年的开凿重修，使之成为我国著名的大型石窟群之一。

麦积山石窟有洞窟194个，泥塑和石刻造像7200余身，壁画1300多平方米，尤以泥塑艺术见长，被誉为"东方雕塑艺术馆"。泥塑以形传神，神形兼备，反映的内容具有浓厚的世俗化生活情趣。置身各窟神佛之间，就像与老朋友见面似的亲切。没有威严、没有神秘，每尊神都温婉可亲。麦积山石窟是中国诸多石窟寺庙中风景最为秀丽的一座，以七佛阁、万佛洞、牛儿堂等最为著名。

寂陵是麦积山一处很容易让人伤感的地方。走进寂陵，看西魏文帝皇后乙弗氏的墓葬遗迹，怀想当年的场景，心里不禁生出许多感慨。乙弗又名乙弗勿敌，鲜卑人，曾建国于青海湖滨，与吐谷浑、南凉都有过交往。想那时的乙弗氏是那样的谦和善良，然而在西魏文帝娶柔然国公主以后竟将其置于死地。文静美丽的乙弗氏像许多中国古代历史上被废的皇后一样，遭遇了悲惨的命运。她死后，悲痛的儿子将她葬于麦积山，名为"寂陵"。这个陵名既反映出了母亲被废后的凄凉与冷寂，同时也昭示了西魏朝廷的最终归宿。事实也证明，文帝死后不久，西魏便土崩瓦解。

高原商埠　特色临夏

唐蕃古道自长安西出经过许多历史悠久的古城古地，甘肃境内古称"河州"的临夏就是其中之一。秦时在此地置枹罕县，汉时枹罕县属天水郡，后改属金城郡（治今青海民和县西沟乡古城）。十六国前凉时期（330年）分凉州地设河州，河州之名从此开始。西秦王乞伏炽磐自立为河南王后，曾迁都枹罕。唐朝平李轨后复置河州。历史上这里曾是中原和青藏边远地区进行商贸、文化交流的集散地和军事重镇，世有"高原商埠"和"河湟雄镇"之称。临夏历史文化悠久，文化内涵丰厚，曾是古丝绸之路南道之要冲,唐蕃古道之重镇,茶马互市之中心,素有"西部旱码头"的美誉。

临夏是一个多民族聚居的地方,汉、回、东乡、保安、撒拉、土、藏等各民族和睦相处,民风淳厚朴实,热情好客。临夏的穆斯林群众在漫长的历史长河中对伊斯兰教的继承、传播和发展做出了贡献,受到海内外穆斯林的赞誉。因而临夏又被人称为"中国的麦加"。

穿梭在临夏的街头,许多人都会被这个处处洋溢着少数民族风情的城市所感染,也会被这个城市独具的民间艺术所吸引。河州砖雕、葫芦雕,还有独具特色的清真寺和拱北都在这座城市的发展中为这个城市勾勒出一幅美轮美奂的精彩图案,从而使其以极大的吸引力诱惑着外来人的眼球。

临夏城角寺

临夏砖雕

其实，河州砖雕作为一种建筑艺术材料，再常见不过，且不说装点着公园、清真寺这些公共建筑设施，即使走进临夏的普通百姓家，也能看到几件令人叹服的砖雕艺术作品，或高筑于屋脊之上，或镶嵌在门庭之间，装点着人们的生活与环境。而正是这种既普及又富特点的装饰，使临夏的砖雕更负盛名。

遍览河州砖雕，不论是哪一种图案，均不见人物活动的场面，这是河州回族砖雕的重要特点。回族笃信伊斯兰教，真主独一，不崇拜任何偶像，所以，即便在他们的客厅寝室，也不挂有人物形象的图画。

河州回族砖雕作为一种民间艺术，有着久远的发展历史，也有着广阔的发展前景。近些年来，随着民间艺术的对外推介和建筑业的蓬勃发展，河州的能工巧匠们已经在祖国的大江南北，留下了他们的砖雕作品。

享有"中国的麦加"之称的临夏，无疑是西北地区穆斯林群众的向往之地和伊斯兰教的传播中心。因而，作为穆斯林礼拜和举行宗教活动、传播宗教知识场所的清真寺也成为临夏的一大风景。

临夏的清真寺大多在明、清及民国时兴建，建筑风格吸收阿拉伯建筑特征，按中国宫殿式建筑建造，以礼拜堂为主体，

临夏老华寺

水堂、教室、住房等建筑为陪衬,总体布局多为四合院式,大殿及主要配殿都是大木起脊式建筑,斗拱屋顶带前卷及后殿的式样,规模宏大,建筑精美华丽,历史上曾多次毁而复建。1979年后重建的清真寺多用现代建筑材料和技术,建筑风格各异,主要有宫殿式、阿拉伯拱形穹顶式,也有中阿两种建筑风

临夏榆巴巴拱北

格合璧式。其中老华寺、韩家寺、前河沿寺等整体建筑设计奇妙，不仅在临夏而且在西北地区都是很有特色的建筑。

拱北主要指虎菲耶、嘎迪忍耶、哲赫忍耶等教派的门宦始传人的墓庐，也称金顶。较大的拱北由门宦始传人的墓庐、礼拜堂、历代传教继承人墓群及其他附属建筑组成，其中金顶是主体建筑，多为砖木结构，有三层八卦、二层六卦、一层四卦等样式，形成临夏市特有的伊斯兰教建筑体系。其中与红园相邻的大拱北、坐落于临夏市城北北宁路10号的榆巴巴拱北很有代表性。

商贸发达的古河州，还是由甘肃渡黄河入青海的主要门户。青海毗邻甘肃，古时通常都由临夏北行或西行渡黄河入青，今永靖县祁家渡、莲花渡、炳灵寺及积石山县㟧大河家都是重要渡口。而如今，大河家古渡旁已建起了一座大桥，莲花渡和青海民和官亭渡也已随着历史的演变趋于沉寂，但它曾经联系甘青两地往来的历史却不可抹杀。官亭附近现存的汉代古城和烽燧遗痕，都说明汉时官亭渡口就已经在使用。

位于临夏永靖县西南35公里处的炳灵寺石窟，更是以历史悠久的石窟艺术名扬四海。炳灵寺石窟位于小积石山中，是甘肃四大石窟之一，其艺术价值仅次于敦煌莫高窟。炳灵寺最早称"唐述窟"，是羌语"鬼窟"之意，唐代称"龙兴寺"，北宋称"灵岩寺"，宋代以后称"炳灵寺"。炳灵藏语为"笨郎"，即"十万佛"之意。远在十六国时期，鲜卑族乞伏氏曾在临夏等处建立西秦政权（385—431年），统治达47年之久。炳灵寺石窟，始建于西秦建弘元年（420年），从十六国起，历经北魏、北周、隋、唐、宋、元、明各代，已有1600多年的历史。西秦建都临夏期间，国王乞伏炽磐御驾亲临石窟，挥毫题词，其真迹尚存于岩壁之上。自公元420年凿窟起到宋代，石窟对佛教净土宗、华严宗和禅宗的影响较大，元末明初，藏传佛教中的格鲁派传入炳灵寺。

石窟分上寺、洞沟、下寺三处，分布在大寺沟两岸的紫红沙砾岩上。炳灵寺以下寺为主，现存龛183个，造像近800尊，壁画约900平方米。炳灵寺石窟雕像776尊，其中石像694尊，

炳灵寺

泥塑82尊。据说当年文成公主入藏经过此处时，也曾入寺烧香拜佛，并让工匠为她造了一尊佛像。如今在炳灵寺看到的27米高的最大的佛像据说就是当年文成公主让人雕塑的。这座神态自如、高大雄伟的佛像是石雕与泥塑的结合体，上半身为石雕，下半身为泥塑。尽管文成公主当年行至此地的历史已离我们很是遥远，但文成公主的礼佛、建佛行为促进了炳灵寺的发展，而炳灵寺的一些壁画和塑像内容，也反映了作为唐蕃古道重要场所的炳灵寺是当年汉藏交流的一个融合点。

炳灵寺石窟在承袭前代民间艺术的基础上，吸收和融合外

炳灵寺石雕佛像

来佛教艺术,以崭新的姿态、简洁的手法,创造了生动的雕塑形象和绘画艺术。范文澜在他的《中国通史》一书中认为,炳灵寺石窟不仅以石刻雕像作品见长,其浮雕佛塔和密宗壁画同样与莫高窟和麦积山石窟齐名。炳灵寺壁画真实地反映了十六国时代西北地区的社会风貌、音乐舞蹈以及装饰艺术,对佛教的认识和理解,具有十分重要的研究价值。2006年申请世界文化遗产,2007年被批准为世界文化遗产预备单位。如今作为旅游景点,炳灵寺沟中的石林景观如五指峰、姊妹峰、万笏朝天、五僧迎舟等形态逼真、造型奇特,有很好的观赏性。

炳灵寺大佛

炳灵寺石林景观

西陲古地　夏都西宁

青海省省会西宁,是青海高原及河湟地区的中心城市;是青藏高原东北部的著名古城,是由中原赴西藏的门户;是历史上丝绸之路南道和唐蕃古道上的重镇,也是今日以夏都品牌蜚声海内外的新兴旅游名城。西宁地区有相当丰富而灿烂的古文化遗存,距今5000多年前的马家窑文化时期,这里就有人类居住生息。1973年在西宁市北川上孙家寨发掘的马家窑文化舞蹈纹彩陶盆和市区沈那齐家文化聚落遗址的发掘,都使这座高原古城以它的悠远和神秘走近了世人。西汉时西宁始设西平亭,东汉建安年间(213—219年)设西平郡,魏黄中筑郡城,北魏时设鄯州（不久移治乐都）。唐代这里有河源军城（西宁市城西区古城台一带）和鄯城县（西宁市城东区八一路一带）。北宋崇宁三年（1104年）改鄯州为西宁州，"西宁"一名自此开始使用，沿用至今。西宁市地处湟水中游，湟水的两条主要支流南川河和北川河在西宁市区南北翼注入湟水。古城西宁由于自然环境和历史条件所限，一度曾缓慢了经济发展的脚步，而如今，漫步在西宁街头，感受古城新颜，穿梭在热闹的人群中，进出于栋栋高楼之中，你一点也感觉不到这里曾有过土楼街巷、低矮平房的往日街景。无所不在的现代气息正将一个崭新的夏都推向世界。

西宁城区

位于西宁市南 25 公里的塔尔寺，坐落在湟中县鲁沙尔镇南的莲花山坳，是我国藏传佛教格鲁派著名六大寺院之一，是青海最大的寺院，也是我国西北地区藏传佛教的活动中心。

塔尔寺始建于明初，距今已有 600 多年的历史，占地面积 600 余亩，寺院建筑分布于莲花山的一沟两面坡上，殿宇高低错落，交相辉映，气势壮观。位于寺中心的大金瓦殿绿墙金瓦，灿烂辉煌，是该寺的主建筑，它与小金瓦殿（护法神殿）、大经堂、弥勒殿、释迦殿、依怙殿、文殊菩萨殿、祈年殿（花寺）、大拉让宫（吉祥宫）、四大经院（显宗经院、密宗经院、医明经院、时轮经院）和酥油花院、跳神舞院、活佛府邸、如来八塔、菩提塔、过门塔、时轮塔、僧舍等建筑错落有致、布局严谨、风格独特，是集汉藏技术于一体的宏伟建筑群。殿内佛像造型生动优美，超然神圣。栩栩如生的酥油花、绚丽多彩的壁画和色彩绚烂的堆绣被誉为"塔尔寺艺术三绝"。寺内还珍藏了许多佛教典籍和历史、文学、哲学、医药、立法等方面的学术专著。每年举行的佛事活动"四大法会"更是热闹非凡，游人如潮。

塔尔寺，藏语称"衮本贤巴林"，意为"十万佛像弥勒洲"，是黄教创始人宗喀巴大师罗桑扎巴（1357—1419 年）的诞生地。相传宗喀巴大师出生时，他母亲将胎衣（有说是脐带血）埋于

塔尔寺全景

地下，后来在埋胎衣的地方生长出一株白旃檀树，这株树的叶形似蹲坐的狮子吼佛像，树皮纹理又似佛经字迹，因此名为十万佛身像（释迦牟尼身像的一种）。宗喀巴大师16岁徒步去西藏求学，六年后他母亲很想念他，捎信叫他回家看望，可宗喀巴大师因学业未成没有回来，则用鼻血绘了一幅自己的画像和一幅狮子吼佛像寄给他的母亲和姐姐，并在信中说："倘若在我的出生地方建立一佛塔，就如同亲晤一样。"他母亲集资于明洪武十二年（1379年），在旃檀树旁建了一座莲聚宝塔，这就是现在大金瓦殿内的大灵塔。

塔尔寺由于是黄教创始人宗喀巴大师的降生地，因而成为信徒们虔诚神往朝拜的圣地。历史上第三、四、五、七、十三、十四世达赖喇嘛和第六、九、十世班禅大师均在该寺驻锡过。同时,该寺也受到历代中央王朝的高度重视,自清康熙帝以来,朝廷给该寺多次赐赠匾额、法器、佛像、经卷、佛塔等珍贵器物。该寺名僧辈出,赛赤、拉科、赛朵、西纳、却西等活佛被清政府封为呼图克图或诺门汗。其中赛赤、拉科还是驻京呼图克图,担任北京雍和宫和山西五台山、内蒙古汇宗寺的掌印喇嘛,地位甚尊。

塔尔寺不但是藏传佛教黄教圣地之一,也是我国藏族建筑艺术中藏汉结合的一处独特建筑群,在我国建筑艺术宝库中占有重要的地位。它反映了我国汉藏人民历史文化的血缘关系。

塔尔寺如来八塔

塔尔寺建筑是我国各民族文化艺术交流的产物。塔尔寺内还收藏着许多珍贵文物，如唐卡、堆绣、壁画、法器、供器、经卷、佛像等，是我国各民族宝贵文化遗产的一部分。

闻名遐迩的西宁东关清真大寺是西宁市穆斯林群众进行宗教活动的中心，在青海省内规模最大，历史悠久，与西北地区著名的西安化觉寺、兰州桥门寺、新疆喀什艾提卡尔清真寺并称为西北四大清真寺。其建筑风格也是典型的中国殿堂式建筑，位于西宁市繁华的东关大街南侧的闹市区，每天来往人群川流不息，行人莫不为这座伊斯兰建筑艺术的独特风格，恢宏的气势和肃穆的氛围所吸引。

西宁东关清真大寺建于明洪武年间（1368—1398年），至今已有600余年的历史。据史料记载，它是由明朝回族大将、西平侯沐英，奏请明太祖朱元璋恩准而修建的，后经扩建，规模愈大。大寺占地面积13602平方米，建筑物雄伟壮观，具有中国古老的建筑艺术和伊斯兰教特色。

寺院的整体布局以前门、重门、大殿特殊的双重门次第而进，所以显出三门端正、持重，五门挺秀、独特，宣礼塔拔地高耸，两厢楼清静素雅。大殿更以凝重、庄严、端庄、古朴为特点，为寺院增添了一种肃穆的气氛。立于大殿殿脊中央的三

西宁市东关清真大寺

个镏金经筒和宣礼塔六角顶上安装的两个镏金经筒，遥遥相对，相映生辉，在整体建筑群的碧绿色琉璃瓦的映衬下，越发显出独有的气韵。

位于青海省西宁市湟水北的土楼观，历史上称为土楼神祠、永兴寺、北禅寺等，它以洞窟艺术见长，一般认为始建于北魏，已有1500多年的历史。另有一种说法，认为始凿于东汉时期，为的是纪念良吏邓训。此寺依山傍水，发育完好的丹霞地貌向里凹进，形成大小不等的洞穴，素有"九窟十八洞"之称，红崖间殿宇高悬，栈道回廊，将殿宇楼阁与洞穴相连，使殿中有洞，洞内套洞，洞中塑有佛、道诸神像，有人称之为中国第二座悬空寺。现有的洞窟中还保留着部分从隋唐至永庆年间的壁画，艺术价值很高，曾有"西平莫高窟"之称。

土楼山中部一东一西倚山矗立着两尊高达 30 米的巨大佛像，雄浑粗犷。这两尊佛像本系两个山崖突出部分，被山水冲刷，风雨剥蚀，形成奇特的形状，约在南北朝时期前后，被人工雕琢成大佛像，当地群众叫"闪佛"，其意是从山中闪出来的。也有人称之为"露天金刚"，道家则称之为"西王母现影"。西面的一尊，已被风化，坍塌不辨面目；东面的一尊，仍然完好。

关于这两尊佛像，还有一段传说。相传，古时候的西宁风景秀丽，牛羊遍山，人们过着幸福安宁的生活。可是有一天忽然来了两个妖魔，他们口吐黄沙淹没了农田，堵塞了水源，夜

土楼观

北禅寺闪佛

里还窜到村子抓走童男童女修炼他们的魔性，一时间当地百姓苦不堪言。这惨景，触动了当时的西王母，于是派护法金刚下界除魔。被降伏的两个妖魔，拼命挣扎，弄得山摇地动，土楼山崖崩石滚，这时护法金刚用身体抵着山崖，挡住了崩塌。西王母施法让两个妖魔现出原形，原来是两头大猪，这就是土楼山的公猪岭和母猪岭。金刚则留下来继续护卫土楼山。今天我们见到的"闪佛"就是护法金刚云云。

在历史上北山寺有过很多名称。明代以前山上有"神祠"，故有"土楼神祠"之称。到了明代因明成祖赐名为"永兴寺"才有了寺的名称。又山体如土楼，楼层迭起，层次分明，故有"土楼山"之称。土楼山因为有道教庵观，因而又有"土楼观"之称。

道教进入土楼山虽然不及佛教早,但是,由祠到寺,由寺再到观,这也是土楼山的特色所在。山顶有一座宁寿塔,在朝晖夕照之时,远望山姿塔影,颇为壮观,特别是雨中,薄雾层云,缭绕山腰,恍如一幅丹青水墨画,有时全山隐于云雾中,忽隐忽现,更添一番诗情画意。"北山烟云"因此得名。

唐蕃古道开辟以后,西宁成为交通重镇,此山的香火更加鼎盛,地位也不断升高,成了东西交通过往行人的宗教圣地。

西宁市城西区有个叫"虎台"的大土墩,现存台高30米,周长360米,形状像倒扣的斗,高大挺拔,气势雄伟。专家认为是南凉王国于公元397年建都西平(今西宁)后修建的阅兵台,至今已有1600余年的历史。如今西宁市政府将它辟为南凉虎台遗址公园,内有南凉三王的石雕像。

南凉虎台遗址公园

历史悠久的古城西宁素有"海藏咽喉""天河锁钥"之称,是进出西藏的必经通道之一,是进入世界第三极——青藏高原的门户。西宁是黄土高原与青藏高原、农业区与牧业区、汉文化与藏文化的交汇点,是西北中心枢纽城市之一,青藏高原区域经济的重要"增长极"为特色产业基地和旅游服务中心。青藏铁路的全线通车,使越来越多的人为揭开青藏高原的神秘面纱,寻觅心中净土而踏上这片土地,宜人的气候、独特的文化魅力、完善的现代服务设施已使西宁成为旅游消夏胜地和进藏的最佳身体调适站点。

高原古道，风光旖旎

巍巍日月山　深情倒淌河

日月山唐代时称赤岭，坐落在青海省湟源县西部，属祁连山支脉，古时为中原通向西南地区和西域等地的要冲。北魏孝明帝神龟元年（公元 518 年），僧人宋云自洛阳西行求经，便取道日月山前往天竺。唐代文成公主赴吐蕃和亲，取道日月山，使日月山名扬天下。此后，唐蕃古道一直是甘青地区通往川藏一带的必经之路。

相传当年文成公主远嫁吐蕃，浩浩荡荡的送亲队伍一路向西，进入青海境内时，曾驻驿于此。公主在海拔 3500 多米的峰顶举目四望，眼见西面一片茫茫无边的草原，相比长安虽也有另一番景致，但一眼望不到边的空旷使她在亲人已远、汉声渐绝的现实中，远离家乡的愁思油然而生，不禁潸然泪下。这时她想起自己离家时父王赠给自己的一块日月宝镜，据说如果她想念家乡和亲人，从宝镜中便可看到她想看到的一切。于是公主急忙拿出宝镜来看，可谁知宝镜映出的除了自己脂粉斑驳、泪痕涟涟的面容外，不见长安的半点踪影。想到父王身为当时强盛的帝国天子，文臣武将众多，军队庞大强盛，却需要自己一介女流前去荒凉的高原，不禁悲从中来。但想到联姻通好的重任，公主收住悲痛，擦去泪水，毅然将日月宝镜甩下赤岭。心想若要重返大唐，除非日月宝镜再度重合，从此入蕃之心坚定不移。而事实上，公主的这一去，就将自己的一生献给了吐蕃。传说公主摔出去的宝镜变成了碧波荡漾的青海湖，而公主的泪水则汇成了滔滔的倒淌河。

日月山文成公主雕像

日月亭

从此以后,赤岭便有了日月山的名称。后人为纪念文成公主,在山脚下建了一座文成公主庙。如今要去日月山,一进景区就可看到"唐蕃古道"四个大字赫然印在一块大石碑上,再向前走100多米,岿然屹立着一尊高大的文成公主汉白玉雕像,显得雍容华贵、和蔼可亲。顺着石阶往上,经过回望石,在感受

日月山唐蕃古道碑

回望石

千余年前公主驻辇于此的悲切心情的同时,还可遐想日亭月亭遥相呼应的种种意境。在飘满经幡的山顶,还可强烈感受到藏传佛教文化的浓浓气息。山顶有一块刻有"日月山"三字的石碑,古老的日月山在记载斑驳史影的同时,也将人们对日月山的感怀留在了充满沧桑的石碑上。

日月山是青海农牧区的分界岭。登上峰顶极目远眺,日月碑亭遥相呼应,东麓是富饶美丽的湟水流域,清澈的河水蜿蜒曲折,盘山绕岭,滋润着两岸丰腴的田野;而西北便是一望无际的草原和天水一色的青海湖远景;向西南望去,山峦绵亘,草原无边,帐篷点点,炊烟袅袅,数不尽的牛羊骏马犹如五彩斑斓的珍珠在绿油油的阜地上滚动。环湖盛开的油菜花一片金黄,羊群像朵朵

青海湖边

倒淌河文成公主雕像

白云在绿茵如毯的草原上飘浮,到处都充满了诗情画意。

虽然在日月山看不到险峻的峭壁,峥嵘的奇峰,但登上日月上,却更能在历史的回望中感受到民族间的一种深情,当年日月山悲怆的音韵早已被昂扬高亢的旋律取代了。忙碌在景点上的当地农牧民都以小贩的角色向前来重温文成公主足迹的人们昭示着他们崭新的生活,公主入藏的美好往事在现实生活中被演绎得更富色彩。

下了日月山向南行大约10公里,便可看见一脉清凌凌的水,静静地、悄悄地、温柔地向西流淌着。看惯了天下河流自西向东的流向,乍一见这条自东向西流的河,人们心里充满了疑惑,而这,正是闻名遐迩的倒淌河的魅力所在。关于倒淌河的传说,有好几个版本,但人们更多的都是把它与文成公主的入藏联系起来,因而更相信那是一个弱女子远离家乡时所流的悲伤之泪。也更相信当你满怀着探索和寻觅的热情来到它的身边时,能在汩汩之声中听见一阵私语般的呢喃或是一句温婉的低诉，似乎有着万种柔肠。于是你会更加确信：这条河分明就是一条女性的河。

公主的泪汇成了这条倒淌的河，而这条河也在历史的长河中以自己的与众不同为文成公主诉说着幽幽哀怨，诉说着人们对这位汉家公主从未消逝的怀念与崇敬。

日月山和倒淌河的传说虽然只是一个故事，没有大奇大险的风光，但我们还是愿意登上日月山，行走于倒淌河畔去追寻当年文成公主留下的印记。看着日月亭里歌颂文成公主的壁画、用汉白玉雕刻的文成公主像，以及倒淌河镇的文成公主石雕像，我们可以深切感受到藏族同胞对文成公主的爱戴。

通天长河　美丽玉树

沿214国道前行，沿路多处有当地藏族牧民挂在山口处的经幡。跨过玛多黄河大桥，翻过高耸的巴颜喀拉山，便进入了玉树高原的通天河畔。

通天河是长江的最上游，古称"犛牛河"或"牦牛河"。唐蕃古道上的犛牛河指的就是通天河。今天当地的藏族同胞将其称为"治曲",也就是牦牛河的意思,显然这是古代称呼的沿用。而将通天河称为牦牛河,据说还源于一个美丽的神话传说。

相传,在遥远的古代,玉皇大帝喂养着一头能驮善走的神牛,它身体宽硕,头大角犀,浑身上下长满了又长又厚的绒毛,所以起名为牦牛。玉皇大帝经常派它驮运东西。神牛能驮也能吃,而且特别爱吃鲜草。有一天,神牛驮着东西经过玉皇大帝的后花园,看到里面长满又绿又嫩的鲜草,实在忍不住就进去吃了个过瘾,玉皇大帝知道后气极难耐,就飞起一脚踢向神牛,结果神牛嘴里的门牙被踢掉了。玉皇大帝见掉了牙的神牛依旧高大硕猛,难消心头之气,于是就把它降到青海高原,限它在三日之内吃光昆仑山的青草。神牛来到昆仑山,见这里山高水缺,

巴颜喀拉山

青草长得又低又矮,以它高大的身躯弯腰啃吃的话比较吃力,恐怕三天难以完成任务,于是便向玉帝如实汇报。原本想消心头之气的玉帝一听大怒,仗剑发旨将牦牛指为顽石,打入昆仑山中。神牛变成顽石,倒也落了个自在。可是当它看到昆仑山缺水少草,心里不禁有些酸楚,于是便从自己的鼻孔里喷出两股清澈的河水,流向这里的山冈和草地。从此以后,昆仑山麓便成了美丽富饶的天然牧场,这两股水流日积月累慢慢汇成了滔滔通天河。

美丽的传说赋予了通天河无比的神秘和浪漫,而通天河自西北向东南流淌在玉树草原上,也哺育了玉树草原的万物。横贯近千公里的长度,也向我们诉说着通天河沿岸的古往今来。相传,唐僧取经归来路过通天河时,由于忘记了老龟的嘱托,老龟把唐僧一行掀下河去,上岸后,他们在一块大石上晾晒淋湿的经卷,谁知经卷上的字都被印在石头上,至今字迹犹存,清晰可辨,这就是被众多的藏族群众信奉的"晒经石"。如今的通天渡已经建起了一座七孔钢筋水泥大桥,漂泊千年的牛皮筏子也已经成了人们猎奇、摄影追逐的目标。

过通天河大桥沿青康公路南行,就来到了唐蕃古道的重镇玉树。"玉树"一词,本来有"遗迹""故地"之意,又一说是"吉

通天河三岔口

祥如意洲"的意思。据说玉树人是藏族心目中英雄格萨尔王的王妃珠姆的后裔。玉树藏族自治州藏族人口约占全州总人口的98%，属藏语康巴方言区。长江、黄河、澜沧江均发源于玉树州境内。据众多古文化遗存和文献记载，在这片广袤的草原上六七千年前就有人类活动。2012年以来，考古部门在青海玉树地区取得了一系列重要的考古新发现，从不同的角度和侧面揭示出青海玉树史前文化、吐蕃墓葬和佛教艺术的若干片断。例如在通天河流域的登额曲河两岸首次发现细石器地点26处，调查试掘共获石制品5000多件，其中大部分为细石器技术产品，少数为以刮削器类工具为主的小型石片石器。据对两个点的 ^{14}C

测定，其年代分别为 6590±30BP 和 7290±30BP。表明这一带有人类活动的历史是很早的。秦汉之际，这里的居民主要为古羌人。南北朝、隋时为苏毗和多弥国的一部分，唐时为吐蕃辖区。这里草原辽阔，牧草肥美，是青海省的主要畜牧业基地之一。

玉树藏族自治州府所在地结古很早就是西宁、四川康定、西藏拉萨之间的重要贸易集散地之一。历史记载，明清时期，川西雅州每年要发9万驮茶叶到结古，然后由结古发往西藏拉萨、青海南部各蒙古、藏族聚居区销售。民国初年（1912年），玉树商业最兴盛时，结古有商户200余家，有山西、陕西、甘肃、青海、四川等地的商人，也有西康地区的商人，如西康的霍巴商人，以及玉树本地的商人，经营的货物不下数百种，其中还有从印度经过拉萨进口的英、德、日、印的货物。

玉树的文化及历史与藏传佛教有着千丝万缕的联系，这里藏传佛教寺院众多，各教派齐全，和谐相处。结古寺位于结古镇东北，藏语称"结古顿珠楞"，意为"结古义成洲"，为藏传佛教萨迦派在青海省的主寺，主要建筑有：经堂2座，僧舍220间，主体建筑"都文舟嘉措"，可容纳100人诵经。讲经院、大昭殿、弥勒殿、嘉那和文保活佛院都各具特色。结古寺以建筑宏伟、寺僧

结古寺　　　　　　　　　嘉那嘛呢堆

众多、文物丰富、名僧高徒众多在藏区十分有名，其殿堂僧舍高耸于山冈之上，错落有致。结古寺的第一世嘉那活佛晚年时（清康熙年间）定居于镇东新寨村，并开始在此修建嘛呢堆。生活在这里的藏族群众，整日在嘛呢堆边虔诚地刻画着，为自己今生多积善业，几乎将刻画嘛呢石作为一种职业。随着岁月的流逝，这里的嘛呢石堆越来越大，无数嘛呢石排在一起构成一列经石墙。人称该嘛呢堆为"嘉那嘛呢堆""新寨嘛呢城"。如今这个叫新寨的村落，因为拥有世界上最大的嘛呢堆而闻名遐迩。这"世间第一大嘛呢堆"，由刻有六字真言"唵嘛呢叭咪吽"的约 22 亿块（未遭破坏前约有 26 亿块）嘛呢石垒成，有的嘛呢石还刻有经文或佛像，石墙、门巷都挂着印有经文、佛像的彩色经幡，石城中央矗立着一座红色神塔。该嘛呢堆已被列入吉尼斯世界纪录。

祖祖辈辈生活在这里的藏族群众，只要有闲暇，就会顺时针围着嘛呢堆转嘛呢。据说转一圈就等于把嘛呢石上的经文念了一遍，念多了就能消灾免祸、积累功德。来到这里的客人也会受到感染，顺着藏族群众的足迹，一圈一圈地围着嘛呢堆转。

结古镇西南约80公里处有著名的隆宝滩自然保护区。隆宝滩两面高山耸峙，平行延伸，中间是长10公里、宽3公里的平滩，上面裸露着湖泊残迹，是高山草甸类型的沼泽地。这里海拔4000米左右，气候寒冷，即使五六月份还下着雨夹雪，有时天色晴明，突然会冰雹雨雪骤至，使人感到难以适应。但是这里泉水、溪流纵横交错，曲折蜿蜒，把地面节割成无数块孤立的小岛，岛上杂草茂盛，生长着许多两栖、爬行软体小动物，可供鹤鸟类取食，而且环境安全幽静，野兽为水所阻，欲进不能。因此这里成为了黑颈鹤宜于栖息、繁衍后代的"世外桃源"。优越的自然

隆宝滩黑颈鹤

条件和生态环境，使其成为鸟类繁衍生息的理想之地。

隆宝滩被世界鸟类专家誉为"黑颈鹤之乡"，这里是世界鸟类专家和科研工作者瞩目和向往的地方，每年11月份，成群的黑颈鹤集结成队飞往贵州威宁的草海、云南中甸的纳帕海越冬，来年4月又成群飞回美丽的隆宝滩。黑颈鹤属于鸟纲鹤科候鸟，是世界鹤类中最稀有、最珍贵的品种，也是最后发现的一个高山品种，为国家一级保护动物。它身体高大，均在1米以上，头顶裸出部分为红色，全身基调为灰白色，只有颈、颊和飞羽呈黑色，故称黑颈鹤。当地人叫"青庄""冲虫""干鹅"等，藏语称"格萨尔达孜"，意为"牧马人"，有高尚纯洁、富有权威的含义，很受藏族同胞的尊崇。

勒巴沟的佛教石刻文化

距结古镇30多公里处的通天河南岸，有个风景优美的去处，名叫勒巴沟（"勒巴"在藏语中是美丽、吉祥的意思），藏语意为"美丽的沟"，海拔3700米左右，沟深约10公里。这里山高谷深，古树成荫，碧水潺潺，野花烂漫，自然风光神奇迷人，是高原罕见的美景胜地。传说当年文成公主途经此地，被这里的美景迷住，因而在此住了些日子，并命随行工匠在沟里的石头上刻下佛经、佛像。据说金城公主入藏时也经过这里，也命工匠刻下佛经、佛像。一些年代久远的石刻遗迹至今尚存。

勒巴沟不仅风景迷人，更让人震撼和留恋的是沟里的佛教石刻文化。唐以后的千余年来，当地佛教信徒刻凿的嘛呢石数以千万计，可以说满山遍野俯拾即是。无论路边的大小石头上、山坡上的石质峭壁上，还是小河中光滑的石头上，大凡适宜刻字的地方大都刻上了藏文字，其内容以"六字真言"（唵嘛呢叭咪吽）为主，也有经文和警世格言等。这些石刻有的躺在路边，有的浸润在涓涓流水之中，有的掩映在绿草翠叶之间，构成了勒巴沟让人惊叹的巨型佛教石刻文化景观。难怪人称这里是"嘛

勒巴沟山嘛呢

勒巴沟水嘛呢

呢的世界",山是山嘛呢、水是水嘛呢,据说冬天还有"冰嘛呢",即在冰上用细沙铺撒出嘛呢字样,太阳一照,有细沙处冰先融化,远望即成"冰嘛呢"景观。走在勒巴沟,面对峭壁上、路边、水中不同内容和色彩的佛教石刻文化景观,会让人感觉置身于一个肃穆而圣洁的佛的圣境。

据青海文物考古研究所、四川大学考古系、成都文物考古研究院等最新调查,勒巴沟内共有4处吐蕃时期佛教考古遗存,每一处又有若干个小的地点,大致共有14个地点。主要有:位于古秀泽玛石壁上的《文成公主礼佛图》《三转法轮图》摩崖线刻,位于吾那桑嘎的《猕猴听法落水图并附18行题词》《佛诞图并附15行题词》《般若波罗蜜多心经并附29行题词》《佛降自三十三天并附7行题词》《佛涅槃图并附8行题词》,位于泽琼沟的《金刚手像与线刻佛塔》《佛像+线刻佛塔》以及多处多个线刻佛塔。勒巴沟的这批摩崖造像、摩崖石刻是非常重要的唐代考古遗存,既有佛像、佛塔,又有古藏文题记,这在国内是十分罕见的,它是研究唐代吐蕃境内佛教面貌、汉藏文化交流、唐蕃古道等历史的重要实物资料和证据,具有十分重要的学术价值。

勒巴沟岩画带有浓厚的唐代佛教造型艺术风格,从石刻岩

文成公主礼佛图

画上体态丰满的唐代侍女和古藏文看，勒巴沟岩画的创造应追溯到盛唐时代，也就是说，应追溯到文成公主入藏的时代。从那时到今天，1300多年过去了，勒巴沟的石刻绵延不绝，它象征着佛教文化在这一地区的传承，也见证了汉藏人民自古以来的团结友好。

刻在勒巴沟口石壁上的《文成公主礼佛图》，主佛为释迦牟尼立像，右面刻有四个朝佛的形象：第一个作下跪状捧香炉的是侍童，第二个头戴吐蕃塔式缠头、身着对襟小翻领胡服作献礼状的显然是藏王松赞干布，第三个着汉服手持莲花的是文成公主，第四个是身着胡服的侍童。这幅图中，主佛和松赞干布的造像均为藏式风格，而其他形象均为汉式造像风格。这种区别的本身不仅说明石刻所表现的是唐蕃联姻，而且还说明它比一些将文成公主形象"藏化"的造像还要早。古朴的造像下面刻有一些古藏文，附近嘛呢石中也有梵文石刻，这都说明这幅图年代可能较早。文成公主礼佛图左方约5米处有《三转法轮图》，画面中心为如来佛，结半跏趺坐在双层仰莲狮子座上，左右两边各有一个结跏趺坐的佛，画面最上部有四个合十交脚菩萨像，左下方是四个对手合十的牛头或蛇尾人像，右下角是豹、牛、象、鹿等瑞兽。图中的仰莲狮子座有上下枋，并且中间有一竖柱把上下枋连接起来呈"工"字形，据藏区考古资料，这种狮子座最早出现在松赞干布时期，流行于赤松德赞时期。根据《文成公主礼佛图》和《三转法轮图》的内容及特点，其凿刻年代肯定是唐代，距文成公主进藏应该不太久远。

在勒巴沟口石刻不远处金沙江西岸有一座叫作"古素赛玛"（藏语，意为沙塔）的小土塔，据说，这座塔是唐代为纪念文成公主入藏而建的，仅用了一天的时间就垒筑成了。沿勒巴沟

勒巴沟口沙塔　　　　　　　勒巴沟公主塔

西进数公里，有一条支沟叫泽琼沟（又名鸟水沟），近沟口处还有一座古朴的土石塔，比"古素赛玛"要高大一些，当地人称之为"公主塔"。这座掩映在绿树之中的古佛塔高18米，底周14米，土筑石垒相间，共5层，呈覆钵式，据说是当年文成公主路过此地时让人修的。但据考古部门考察认定，它是晚于唐代的佛塔。

文成公主庙

唐蕃官方设有驿站的大道，即唐蕃古道正道是从今玉树市安冲、哈秀、隆宝一线穿过，往杂多县方向而行的，并不经过玉树市结古、巴塘地区。但据民间口碑资料，文成公主、金城公主却都曾路过玉树市巴塘地区，勒巴沟、贝纳沟中的许多石刻、建筑遗迹为大量口碑资料提供了实物证据。文成公主庙现已成了玉树地区最著名的旅游景点，除历史悠久外，更重要的是它是民族团结的象征。"到了玉树不看文成公主庙，就不算到玉树"的说法真实反映了文成公主在当地藏族群众心目中的地位。而公主庙里千年不断的香火，也在无声地向人们言说着自古汉藏一家的历史事实。

从结古镇溯巴塘河南行约 20 公里，左拐便进入一条奇峰突起危崖高耸的山谷，沟谷内有清澈见底的一条小河流出，这条沟叫贝纳沟。沟口一带两侧山坡上遍布灌丛，虽不高大，却也苍翠秀丽。往里走不远，便看到一座褐红色、精巧玲珑、幽静雅致的小寺院，这就是闻名遐迩的历史文化古迹"大日如来佛雕像"和庙，俗称"文成公主庙"，这是一座既有唐代艺术风格又有藏式平顶建筑特点的古式建筑。

贝纳沟口

文成公主庙

　　文成公主庙坐北朝南，背靠嵯峨险峻的岩壁，庙前是清澈见底的小溪，面对的是灌木滴翠、绿草丰茂的巴塘山，中隔一箭之地，峡谷蜿蜒，砾石遍地。这里环境幽雅清静，风景绮丽多姿，气候温和宜人，当地群众把这里视为玉树高原上难得的"洞天福地"。

　　越过小溪，踏进石壁锁道、岩石嵌门的寺庙，里面是一个白粉刷墙、卵石铺地的小院，显得雅致而幽静。小院正面，紧靠岩壁的是三层高的土筑石砌的藏式平顶建筑。这是这座庙宇唯一的建筑——公主庙堂。庙堂虽说不大，但站在狭小的天井里仰望，却也显得雄伟壮观。公主庙堂设计巧妙，造型奇特，别具一格。庙堂外表共分三层，内部实为一堂，底层是双开的大门，第二层是巨大的双扇藏式窗户，第三层又开一排六扇藏式窗户。这两层窗户平时不能开启，完全是一种别出心裁的装饰。庙宇的窗和墙壁全部刷成褐红色，天晴日丽时，远望庙宇，红光闪闪，犹如赤霞一片。庙宇顶部的石罅里，一棵老态龙钟的古柏树，挺立在岩崖之上，仿佛是盖在庙宇上的一把保护伞。

庙堂内正上方的岩壁上，浮雕有九尊巨幅佛像。佛像由两只背向伏卧呈莲花宝座状的雪狮驮着，宝座又由两根粗大的木柱相支撑。正中的主佛即大日如来佛，高约7.3米，佛像结跏趺坐在狮子仰莲座上，头束高发髻，戴三瓣法冠，身着对襟翻领胡服，袍饰是由龙纹、忍冬云纹和摩尼珠纹组成的团花，团花之间有方胜、摩尼珠作为填充纹饰。主佛像两耳佩有垂至两腮的金环，双手自然交叉，垂放腹前，双腿盘坐，佛面五官端正、眉目清秀、双目正视，显得神态端庄稳重，性情娴静慈祥。其背光和项光饰以象征"光明普照、佛慧无量"的火焰纹和十字宝相花纹，头顶上方刻有梵文六字真言。在主佛像的两侧，各有4尊高约4米的菩萨像，分上下两排站立在小莲花座上。这

图一　大日如来佛像
图二　文成公主庙菩萨像

八尊菩萨,也都头束高桶状发髻,戴三瓣法冠,身着对襟翻领胡服。他们个个手持宝物,有的手拿莲花,有的手持金刚杵,有的手捧海螺,有的手托宝瓶,有的手端如意宝食碗,有的手握七星尚方剑,姿态各异,形象逼真,栩栩如生。八尊菩萨都有顶部锐尖的桃形项光。在主佛与八尊菩萨之间,排列对称协调、整齐有序,生动地表现了古代的尊卑关系和等级关系。整组浮雕佛像,依山就势,安排巧妙,布局合理,构图新颖;人物造型大方,体态丰满,容貌秀美,形神兼备,立体感很强,加之堂内光线暗淡,香烟袅袅,猛看上去,给人一种飘飘欲出之感。佛像两

巴塘草原

边,从上至下雕有三尺宽的藏式花边图案,与佛像群浑然一体,整个浮雕充分显示了古代高超的雕刻艺术水平。大日如来佛像下有一小泉,常年往下滴水,其味甘美,当地人视为圣水,管庙僧人常常会友好地接水让游客分享。

据传玉树是公主沿途休息最久的一个地方。当年文成公主到达玉树巴塘一带之后,受到当地藏族群众的热烈欢迎,文成公主在这里停留了两个多月。据说当文成公主一行打算离开此地时,当地人民都纷纷跑来挽留。一位老阿妈拉着文成公主的手说:"你没吃的了,山坡上有肥壮的牛羊;你没穿的了,我家有挡风的皮袄。这里天气暖和,风景美丽,为什么就留不住你呢?"文成公主动情地答道:"我喜欢这里的山和水,我不愿离开这里的人和地。但是赞普远道相迎,已陪我在这里住了很长时间,如今赞普要起程返回拉萨,我又怎能不和他一起动身!"老阿妈看留不住文成公主不禁哭了起来。文成公主想了想说:"老人家请不要哭了,我想个办法让你天天看见我。"说着她站起身来在石崖上用她纤细的手指画了又画,石崖上立刻浮现出一幅闺秀的画像来。老阿妈走到石崖前一看,这个画像和文成公主一模一样,她又惊又喜忍不住动手抚摩起来。等她回头时,公主已上马动身,于是老阿妈流着泪将公主一直送到贝纳沟口。据说,为了感谢当地群众对自己的热情和友好,公主还给当地藏族同胞传授了开荒种田、织布、酿酒、歌舞等技艺。对文成公主充满依恋的当地群众还郑重地保留了她的帐房遗址,甚至把她的足迹和相貌都刻在石头上,以便怀想。在玉树,几乎每个藏族群众都能讲一段有关文成公主的故事。

据民间传说,文成公主在贝纳沟停留期间,亲自制定佛像的尺寸、格局和图案,率领工匠、艺人在沟内悬崖峭壁上雕凿了佛像、大小佛塔和重要经文等数十处,文成公主庙的九尊佛像据说就是当时雕凿的。藏文史料《西藏王统记》《安多政教史》等的记载似乎也证明了这种传说的真实性。至于文成公主庙,据说是金城公主主持修建的。公元710年唐蕃交好，再次联姻，金城公主重走文成公主之路入藏路过此地时，发现文成公主遗留下来的雕像造型独特，颇为壮观，为了不使公主的功德被风雨所剥蚀，她让人建了这座庙宇，并命名为"文成公主庙"。以后这座庙宇便被人们保护起来，作为顶礼膜拜的活动场所。这些说法当地群众深信不疑，许多专家也表示赞同。不过，也有专家持不同看法，如原青海省考古研究所的汤惠生研究员认为，尽管后世历次修复对文成公主庙的佛像石刻原貌有不少破坏，但其基本造型仍带有明显的唐代或吐蕃早期风格。如主佛和诸菩萨所穿的对襟小翻领胡服，与敦煌莫高窟144窟壁画中吐蕃人所穿的服饰很相像。此外，贝纳沟石雕像附近还有后人撰写的有关造像的石刻题记勒石，上面明确记载了造像的年代和原因。题记中提到了赤德祖赞，并且有"祝赞普父子长寿"的句子，石雕像、石刻题记很可能是赤德祖赞之子赤松德赞出生的那一年凿刻的。如果这一推断成立，则佛像的实际雕凿年代比文成公主入藏时间要晚大约一个世纪。

　　文成公主庙一年四季香火不断，前来朝拜的藏汉族群众络绎不绝，可见文成公主在广大民众心中地位之崇高。2006年文成公主庙被国务院公布为国家重点文物保护单位。

贝纳沟摩崖石刻佛教考古的新发现

2012年7月13日至8月4日,由青海省文物考古研究所与四川大学考古系、四川大学藏研所共同组成联合专业考古调查队,对勒巴沟摩崖石刻进行了调查。此次调查中首次运用3D扫描技术对文成公主庙大殿内一佛八菩萨造像进行测量,获取了比较准确的数据资料。通过考古调查证实:佛堂大殿前庭碑文内容是真实的,但凿刻年代是近现代的;佛堂崖面上的一佛八菩萨与其西侧的"大日如来和八大菩萨赞"中的名称一一对应,从崖面泥皮脱落暴露的文字、图案、纹饰均与崖面原有题刻内容相符、位置重叠,说明1佛8菩萨造型基本保持唐蕃时期的原貌。

此次调查中,在大日如来佛堂背后的山崖上新发现凿刻出的摩崖题记,崖面坐北朝南,从西到东依次为横书梵文、竖书汉文、横书藏文的《摩诃般若波罗蜜多心经》,其东边还有一处古藏文题记,字迹模糊,经初步辨认可能是无量寿经。调查新发现大日如来佛堂西侧崖壁古藏文题记,共分为上下两段:第一段为《大日如来和八大菩萨赞》,题记宽约6.40米、高约2米,共18行。文字古朴,苍劲有力,是典型的古藏文书写格式,和敦煌古藏文文献和吐蕃古代碑刻文字的书写方式一致,时代特征明显,这也是在大日如来佛堂首次发现的古藏文大日如来与八大菩萨赞,题

恰冈马年古藏文题记

狗年古藏文题记

刻的内容和大殿内的浮雕造像完全一致，充分显示出题刻和造像的同时代性。第二段是著名的"狗年题记"原刻，宽约2.45米，高约0.65米，共5行。此题记和佛堂大殿内前庭左侧的碑刻内容完全一致，但在书写方式和语法上具有吐蕃时代特点，经古藏文专家鉴定，这通题记属于吐蕃时期所刻，是狗年题记原来位置所在。题记中提到赤德松赞（798—815在位）、狗年（806年）、大译师益西央以及多名工匠的名字，透露了若干重要的历史信息，特别是"狗年题记"原刻位置和原始版本的发现，是贝纳沟摩崖石刻断定年代最为直接、最为准确的证据。

据考古学专家最新调查和研究，依据大日如来佛堂西侧崖壁古藏文纪年题记，确认佛像的实际雕凿年代，应在吐蕃赞普赤德松赞在位时期的"马年"，即公元806年前后，比文成公主入藏时间要晚160多年。至于文成公主庙，据传是公元710年唐蕃再次联姻，金城公主入藏路过此地时派人修建并命名的。其实，它是1938年和1989年修建成的，现由藏传佛教噶举派的禅古寺管理。后世曾对唐代大日如来佛等9尊浮雕佛像表层敷泥施彩进行过保护。

这次调查在位于大日如来佛堂西约130米处，新发现大日如来佛堂外西侧崖壁线刻佛像及古藏文题记：崖面坐西朝东、高约13米、宽约8米。石刻分上下两部分，上半部为阴线刻佛像，通高约6.7米、宽约7.9米，根据造像内容，调查者暂时将其命名为"大日如来及二胁侍、十方佛摩崖石刻"。石刻最上端是汉式宫殿，殿顶象征佛刹，呈梯形，共五层，从上到下依次为花瓣纹、连珠纹、花瓣纹、垂帐纹、莲瓣纹。所有佛像凿刻于以莲瓣纹装饰的方框内，主尊大日如来，通高约2.82米，双层桃形头光和双层马蹄形身光，头戴五叶宝冠，袒上身、斜披帛带，下着裤，衣着贴体。结禅定印，结跏趺坐于双层仰莲座之上。二胁侍，光头，广袖长袍，似汉式风格中的弟子形象。整个佛刹和佛造像融合了汉藏文化元素，极富特色。此处石刻下半部的藏文题记共36行。通高约4.4米，上部宽约5.2米、下部宽约7.9米。此次调查表明，古藏文题记总共为36行，前8行为《普贤陀罗尼》，第9行起为《普贤行愿王经》。将此处《普贤行愿王经》分别和德格版大藏经、敦煌版中的经文对比后发现，该处题记与敦煌版最为接近，反映出两地佛教文化之间密切的联系。

另外，这次还在大日如来佛堂外西南新发现两处线刻佛塔：一号塔，阴线刻，覆钵塔。通高6.40米，莲座长4.48米。9级相轮，顶端即第九级形如华盖。塔基处有一行古藏文题记，可辨识部分题记内容。二号塔，位于一号塔西面，阴线刻，覆钵塔。通高4.72米，底层塔基长4米，7级相轮，其顶部还有一级形如伞盖，塔基处古藏文题记已模糊不清，难以分辨。古藏文题记表明，这两处阴线刻佛塔均为吐蕃时期，这是吐蕃时期石刻佛塔的首次发现。

综上所述，玉树贝纳沟摩崖石刻不仅数量丰富，而且

图一　吾那桑嘎佛像局部
图二　泽琼沟摩崖线刻佛像局部
图三　阴线刻覆钵形塔

图像与藏文题记相互配合，是一批非常重要的吐蕃时期佛教考古的实物考古资料，它不仅可以纠正、补充、完善以往曾经公布过的资料，为进一步深入研究打下基础。更为重要的是，这批资料还将极大地丰富整个吐蕃艺术史的面貌，成为研究公元8至9世纪汉地、藏东和敦煌等地佛教文化交流、汉藏文化交融、唐蕃古道等诸多方面的原始依据，具有相当重要的价值和意义。例如，大日如来与八大菩萨赞古藏文题记、大日如来及二胁侍与十万佛线刻造像、吐蕃线刻佛塔以及过去广为学界所知的"狗年题记"的原始版本与位置的新发现，提供了大日如来佛堂及其周边吐蕃佛教石刻全新的资料，不仅为科学判断大日如来佛堂内外摩崖石刻的年代、内容、宗教意义等提供了科学的断代依据，也为研究青海及其周边地区类似的摩崖石刻提供了重要参考。此外，新的佛教造像题材的发现，大大丰富了吐蕃时期汉藏边境佛教考古与艺术交流互动的资料，大量古藏文题记的发现，提供了考证吐蕃时期所流行佛典的确凿证据，两座吐蕃线刻佛塔的发现，也为研究吐蕃时期的佛塔提供了新的考古实物资料。这一发现同时也为研究玉树地区的吐蕃文化以及编制本地区的文物保护规划提供了科学的基础数据。

在此次调查工作中，玉树地区吐蕃墓葬也获得重要进展，

章齐达1号吐蕃墓

除在地表发现大批封土石丘墓葬之外，考古工作者还对破坏严重的聂龙加霍列墓群和章齐达墓群两处墓葬群进行了发掘，这也是首次对玉树地区吐蕃墓葬所进行的发掘。出土随葬品主要有银器、铁器、漆器、陶器等。两处墓地中经过发掘的墓葬表现出复杂的建筑式样与结构，如章齐达1号墓，用岩石砌成的网格状石墙将封堆上部划分成7个不同的单元，墓室位于中间的一格位置，由墓道、天井、主室、侧室以及主侧室与天井相通的甬道组成，墓室顶部用石板封砌成圆形穹隆顶。墓葬形制与文献记载的吐蕃"拂庐"形制有相似之处。玉树地区所见吐蕃墓葬丰富了对吐蕃墓葬制度的认识。

玉树风情

玉树的盛夏，是令人陶醉的黄金时节，又是观光旅游的最好季节。洒脱飘逸的玉树歌舞、美轮美奂的玉树服饰、帐篷城的异彩、赛马节的盛况，都堪称是声誉海内外独领风骚的民族文化风情，展示了康巴人的迷人风采和独特魅力。

玉树地区盛行粗犷豪放、欢快热情的舞蹈，高亢悠扬、优美动听的民歌。玉树歌舞兴起的年代十分久远，可追溯到千余年前。玉树民间歌舞是康区歌舞的精华，主要由"伊""卓""热巴""热伊""锅哇"等组成。玉树歌舞种类繁多，多时竟达三百余种，既有纯表演性的歌舞，也有自娱性较强的节目。结古寺一世嘉那活佛有着非凡的艺术天赋，他独创的一百多种"多顶求卓"，奠定了玉树"卓"舞的基础。加上玉树毗邻藏、川、滇的地域优势，不断吸收这些地区藏族歌舞的优秀成果来丰富自己的文化艺术创作，日积月累，玉树歌舞形成了具有浓郁康巴地域风格，而又独树一帜、别具风采的艺术特色，有着极高的艺术观赏价值，在青海民间歌舞中享有崇高的地位。2006年，"玉树卓舞"被列入青海省首批省级非物质文此遗产名录。歌舞在玉树人中极为普及，成为他们精神生活中的一大需要，"会说话就会唱歌，会走路便会跳舞"是对这种民风的真实写照。

每年七八月份，玉树草原牧草茂盛，一片碧绿，到处盛开着姹紫嫣红、灿若云霞般的各种野花，宛如一幅尽善尽美的大型歌舞表演。以赛马和物资交流为主要内容的康巴艺术节就在此时拉开帷幕。届时，会场周围几公里搭满了各种各样五彩缤纷的帐篷，远远望去，如同一座独具风情的帐篷城。传统的玉树康巴文化艺术节不仅吸引着来自青、藏、川、滇、甘等省（区）的藏族群众和国内游客，还有美、英、法、加拿大、瑞士、日本等国家和香港、台湾地区的游客不远万里慕名而来。

玉树的帐篷大小不同，形状迥然，名称各异。主要有："格毛齐"（大帐）、"喇格"（喇嘛帐）、"班格"（官帐）、"笨庚吉布"（老僧地帐）、"它格"（灶帐）、"达格"（斧形帐）和"索格"（蒙式帐）

帐篷城

玉树的万人"锅庄"

等。其中最引人注目的要数"帐中之王"的大帐"格毛齐",它能容纳四五百人。相传在格萨尔王的岭国时期,它是将领们折冲樽俎(外交谈判)、庆功祝捷的重要场所。佛教盛行,寺院林立之后,它又成为佛门传经布道、除灾祈福的吉祥"宝帐",如今则是赛马的展览厅和聚会筵宴的餐厅。

藏族人喜欢养马,更喜欢赛马。赛马作为玉树地区传统娱乐活动,可以追溯到吐蕃盛世。善骑好武的藏民族,曾有过东攻盛唐,南降毗邻,广拓疆域的历史。自从佛教在吐蕃盛行以后,吐蕃人开始从戎马倥偬,逐渐走向忌讳杀生、笃实从佛之路。作为准备战争械斗的赛马竞技,也渐渐演变成纯粹以敬神、娱乐为目的的民间活动。

由于传统的赛马竞技活动与宗教仪式分不开,在全民信教的藏民族中,赛马节亦少不了藏传佛教的跳神艺术。藏传佛教各教派,均按各自密宗修习的需要塑造了众多神像,这些神像有的是塑像,有的是壁画,有的是面具,也有的以跳神形式出现。跳神种类繁多,而且各自还有固定不变的动作和伴奏乐器。其舞蹈程序不像民间舞蹈那样能随意创新和更改,只能"照本宣科"。因此,跳神艺术的形式、内容以及演出程序各方面,仍然保留着古老而神秘的色彩。

近年来，玉树地区各寺院，除了举行以宗教为目的的跳神仪式外，还举行纯为大众娱乐的跳神活动，把跳神这门艺术，也搬进了人欢马跃的民间竞技场所，与民间歌舞竞芳争妍，为玉树赛马会平添了不少新的色彩。

地处青藏高原腹地的玉树素有藏区"服饰之乡"的美誉。隆重盛大的玉树藏族传统服饰表演，在赛马节的最后一天，也是节会的高潮。康巴玉树藏人的服饰奢盛而雍容大气。男人的藏袍都以虎、豹的真皮镶边，显得英豪武勇。据说这种装饰是古代吐蕃王朝奖赏英勇武士时赐以虎豹皮并让其披挂在肩头而演变来的，后来代代沿袭，成为藏家男儿阳刚的象征。女子的袍装，更华贵艳丽，以优质水獭真皮镶边，并把边饰加得很宽，尤其下摆，达到尺余甚至更宽。据说，不算饰物，单这种藏袍价值就高达两三万元。女装的奢华，还体现在头饰上，金银珠宝应有尽有，佩戴在发际和胸项，高贵典雅之至。

玉树男女的头饰，也很有意思。男子头上多蓄发梳着辫子，用箍圈盘在头顶上，再饰以摆动的大股红缨穗，风度翩翩，这是典型的康巴汉子的头饰特征。女子头上一般梳三四十条小细辫子，收拢的辫梢上缀有珠宝和彩色丝穗，再戴上以琥珀球为主（戴单不戴双）配以红珊瑚、绿松石等珠宝的头饰，华丽而高贵。

图一　玉树男子头饰
图二　玉树女子服饰

日常生活中，男性多戴礼帽，女性喜戴色彩艳丽的大圆盘帽，这种帽子很有地方特色，为其他地方所少见。

玉树藏族和其他地区的藏族一样禁忌范围十分广泛，内容涉及生活的各个方面，这些禁忌已成为日常的生活习俗，同时也成为民俗文化的重要内容。首先是对自然和动物的禁忌。如禁止在神山和寺庙周围乱砍乱挖树木、花草、药材和捕杀动物；忌搅动泉眼或在泉水中洗东西；禁忌捕杀鹰鹫；忌宰杀放生的牛羊和骑用的马匹。其次是在婚姻和日常生活中的禁忌。如禁忌孕妇到别人家串门或参加婚礼；禁忌吃兽类肉；禁忌父系血统和母系血统的人婚配。最后是丧葬和宗教禁忌。家人或村里人死后禁忌谈笑、歌舞；服丧49天内禁家人洗头、沐浴、饮酒、盛装；禁忌在寺庙内吸烟、饮酒、随地吐痰；忌逆时针方向转寺院、佛塔、圣山、嘛呢石堆和经轮等。

汉家公主,拉萨安居

圣地拉萨

文成公主历尽艰辛最后到达的安身之地逻些(拉萨),吐蕃臣民按照赞普的指示,摆设了盛大的欢迎宴会,千百万身穿节

拉萨一瞥

释迦牟尼 12 岁等身佛像

日盛装的男女民众从各地汇聚拉萨,以无限敬仰的心情迎接释迦牟尼佛祖 12 岁等身佛像和文成公主。接着,吐蕃择吉日为赞普和文成公主举行了盛大的婚礼。藏文典籍《贤者喜宴》记载:"松赞干布登临欢庆的宝座,为文成公主加冕、封作王后。"松赞干布正式授予文成公主赞普王妃宝座和权威。

在公元 7 世纪以前拉萨是一片杂草丛生、河滩荒芜的沼泽

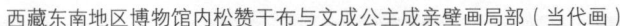

西藏东南地区博物馆内松赞干布与文成公主成亲壁画局部(当代画)

地,是古代苏毗部落的领地。后来雅砻部落在松赞干布为首领的时候打败了苏毗,占领了此地,随后在松赞干布的东征西讨下,统一了青藏高原,建立了强大而统一的吐蕃王朝并迁都逻些,当时吐蕃国首都的建设是很简陋的。直到公元641年大唐公主入嫁,松赞干布为夸示后代而兴建城池,在布达拉山上扩建宫室,在卧塘湖上修建了大昭寺,以供奉文成公主从唐朝远道带来的释迦牟尼金像,又在大昭寺旁修建了小昭寺,吸引了西藏内外大批善男信女前来朝拜。到了9世纪,这里才日益繁盛。藏语拉萨就是圣地、神圣的意思,"圣地拉萨"的称呼由此而来。

藏文典籍《王统世系明鉴》记载,文成公主精通卜算和堪舆术,她测出蕃地雪国是罗刹女魔仰卧之形,女魔头朝东,腿朝西,卧塘湖正好为女魔的心脏,湖水乃其血液。根据相生相克

罗刹女魔仰卧之形图

的理论，文成公主说，首先要把魔女的心脏给镇住，必须把这个湖填平，并在其上建神殿加以镇压。相传，当时填湖主要是依靠山羊驮着装沙和土的袋子，一趟一趟地来回搬运。就这样，白山羊驮土填湖，把整个卧塘湖泊填平以后，公元648年在此建造了著名的大昭寺。同时文成公主还推荐了另外12个寺院在边远地区，镇住魔女的四肢和各个关节，共建了13座寺院。

拉萨以大昭寺为中心、八廓街为重点的老城区，历经了1300余年的风雨沧桑，她是圣城的缩影，也是藏民族历史文化的精华，更是历史上首次藏汉文化交融的历史见证。自公元633年松赞干布建都于此后，拉萨一直都是西藏的首府，是西藏120万平方公里的政治、经济、文化中心。围绕大昭寺的环形市集街道，随着大昭寺的落成而逐渐兴旺的"八角街"（又称"八廓"街，藏语意为中间转经道）是长约500米的街道，既是转经道又是商贾云集的处所。八廓街是一整片旧式的、有着浓郁藏族生活气息的街区。最初它只是一条环绕大昭寺的普通街道，后来成为朝圣者的转经路。如今这里集宗教街、观光街、民俗街、文化街、商业街和购物街于一体，已是西藏最著名的旅游商业中心。

八廓街充分展示了拉萨古城的原有风貌。由手工打磨的石块铺成的街道，虽不是很宽，却是拉萨每天客流量最大的地方。

拉萨八廓街

这里店铺林立,流动的货摊超过千家(除了本地的老户以外,还有一些定居拉萨十多代的穆斯林和尼泊尔侨民),临街的房子大都是商店,经营大小各异的转经筒、藏袍、藏刀和生动拙朴的宗教器具、传统的唐卡绘画和手绢、藏毯等各式日用品,还有从印度和尼泊尔远道而来的各种商品。有了大昭寺才会出现八廓街,而有了八廓街才终于形成了拉萨古城。八廓街是历史上拉萨城的中心,是拉萨历史的缩影。

拉萨这座高原古城,直到今日还依然保持着其特有的自然与宁静。生活节奏就像一曲舒缓的牧歌,虽传唱千年还是那样的悠然,其中的原因除了时差之异外,最重要的一点是拉萨都市化进程还不够快,但正是这一点,使外来的游客自进藏的一瞬间起,从生理到心理就全然放松了下来。

漫步在拉萨街头,你会感到这座城市宗教色彩极其浓厚,布达拉宫宏伟建筑上的金顶,大昭寺里缭绕不断的香烟,罗布林卡里浓密的树林,使人真正感受到身临"圣地"的别样风情。

雄伟的布达拉宫

矗立在拉萨市中心的布达拉宫是这座雪域之都乃至整个青藏高原的象征。这座世界上海拔最高、最雄伟的宫殿是藏文化最灿烂的象征。

这座拔地参天的宫殿始建于公元7世纪松赞干布时期,位于拉萨市中心玛布日山(红山)上,占地41公顷。主体建筑分为红宫和白宫,红宫居中,白宫横贯两翼。红宫有历代达赖喇嘛的灵塔和各类佛堂及经堂,白宫是达赖喇嘛处理政务和生活居住的地方。宫殿主楼13层,高115.703米,东西长360米,南北宽270米,建筑面积约12万平方米,由寝宫、佛殿、灵塔殿、僧舍等1000间组成。宫内珍藏大量佛像、壁画等文物,是藏民族文化艺术的瑰宝。

"布达拉",是梵语音译,又译作"普陀罗"或"普陀",原指观世音菩萨所居之岛,所以布达拉宫又被称为第二普陀山。从松赞干布至今的1300多年间,先后有9个藏王和10个达赖喇嘛在这里施政布教。

公元631年,松赞干布开始兴建布达拉宫。当时吐蕃王朝正处于强盛时期,松赞干布修建这座宫殿是为了迎娶文成公主。据说当时修建的宫殿有999间,加上修行室共1000间。宫外

布达拉宫金顶

布达拉宫

从大昭寺远眺布达拉宫

有护城河,上铺厚木板。公元10世纪,这座宫殿因为奴隶起义遭到破坏,后来因雷击起火又一次遭到破坏。现存布达拉宫里只有法王修法洞和观音佛堂两处的建筑是7世纪原来的建筑。

布达拉宫始建时规模并没有现在的这么大,以后

布达拉宫东门

不断进行重建和扩建,规模得以逐渐扩大。公元1645年,五世达赖喇嘛受清朝册封后,为巩固政教合一的甘丹颇章地方政权,由第司索郎绕登主持,重建布达拉宫"白宫"及宫墙城门角楼等,并把政权机构由哲蚌寺迁到这里。公元1690年,第巴桑杰嘉措为五世达赖喇嘛修建灵塔,扩建了"红宫"。对布达拉宫的这次重修历时近50年,至1693年才竣工。以后历辈达赖喇嘛先后增建了5个金顶和一些附属建筑。到第十三世达赖喇嘛时,布达拉宫又进行了历时8年的修建。据说这次修建仅白银就花费了213万两。1936年十三世达赖喇嘛的灵塔殿建成后,形成了布达拉宫现在的规模。

布达拉宫还有一些附属建筑,包括山上的僧舍、僧官学校、朗杰扎仓、东西庭院和山下的雪老城及西藏地方政府的印经院、雪巴列空、马基康以及监狱、马厩和布达拉宫后园龙王潭等。

300余年来，布达拉宫收藏和保存了大量极为丰富的历史文物。其中有2500多平方米的壁画、近千座佛塔、上万幅唐卡（卷轴画）以及甘珠尔经、贝叶经等珍贵的经文典籍，还有明、清两代皇帝封赐达赖喇嘛的金册、金印、玉印以及大量的金银工艺品等。

布达拉宫每一座殿堂的四壁和走廊里，大都绘有色彩绚丽的壁画。壁画的内容既有丰富多彩的神话传说，又有许多珍贵的历史资料。当年兴建布达拉宫、松赞干布与文成公主成婚以

图一 布达拉宫法王洞中松赞干布塑像
图二 布达拉宫法王洞中文成公主塑像

及五世达赖喇嘛和十三世达赖喇嘛先后到北京朝见清顺治皇帝和光绪皇帝的情景，在壁画上都有栩栩如生地描绘。整座布达拉宫堪称是一座建筑艺术与佛教艺术的博物馆，也是中华各民族团结和国家统一的铁证。

雄伟的布达拉宫是拉萨最高的建筑。在拉萨任何一个角落，抬头远望，都能看见气势磅礴的布达拉宫。澄澈的蓝天下，外墙为红白相间的宫殿坐落在山顶，两千多间佛殿和房屋透出黑色的窗户，而金灿灿的屋顶衬着白云显得无比壮丽。

大昭寺的诱惑

"去拉萨而没有到大昭寺就等于没去过拉萨。"这是大昭寺里著名的喇嘛尼玛次仁的话，也是几乎每一个旅行者都同意的观点。

大昭寺始建于唐代，初时只用来供佛像、藏经，后经历代拆建，四周增设回廊、院落，建筑面积达25000多平方米。作为藏传佛教最神圣的寺庙，大昭寺并不从属于哪个教派。黄教兴起后，每年这里便举行传召法会。历代的达赖喇嘛或班禅的受戒仪式就在这里举行。

进入大昭寺前面的小广场,可以看到大昭寺的全貌。首先映入眼帘的是被围墙围起的两块石碑。南边一块便是著名的唐蕃会盟碑,高3.42米,宽1.28米,厚0.35米,用藏汉两种文字刻写于唐长庆三年(823年)。公元7至9世纪,通过联姻、纳贡等形式,吐蕃与唐朝缔结了政治上的联系,经济、文化也有了进一步的发展。当时唐蕃之间大部分时间和睦相处,但也时有战争爆发。因此,双方都愿和好,达到"彼此不为寇敌,不举兵革""务令百姓安泰,所思如一"和"永崇甥舅之好"之目的。赤德祖赞为表示汉藏人民世代友好之诚心,立此碑于大昭寺前。如今碑身已有风化,但大多数碑文仍清晰可辨,碑文

大昭寺

朴实无华，言辞恳切。碑的旁边有一棵柳树，据传由文成公主亲手种植，当地人称之为"公主柳"。千余年后，柳树枝条依然繁茂，上面挂满了藏传佛教信徒们敬献的洁白哈达。但如今只剩枯萎的残树根了，十分可惜。唐蕃会盟碑又称甥舅会盟碑，因为吐蕃赞普赤德祖赞娶的是唐朝皇帝的公主，所以他的孩子自然就要管以后的唐朝皇帝叫舅舅了。

另一碑为种痘碑，是清朝驻藏大臣于清乾隆二十九年（1764年）所立。当时拉萨流行天花，大量婴儿死亡，为防止天花蔓延，当局在拉萨推行种痘，特立此碑。种痘碑通高3.3米，宽1.2米。虔诚的百姓常用卵石敲砸，年长日久，现已遍体鳞伤，形成许多臼形窝坑，致使文字大多难以辨认。现在这两块碑都被围墙围了起来，得到了保护。

唐蕃会盟碑后面就是大昭寺的正门，这里不分昼夜，总是

磕长头的信徒

大昭寺门前相传由文成公主亲手栽的柳树

有许多信徒在磕等身长头。外地来的游客往往都会被他们那种浑然忘我的虔诚所震撼，他们五体投地，一次又一次地起身、仆地，向他们心中的佛祖祈求佑护，额头上的印痕显现着每一个信徒来自四面八方的风尘。

从正门进去，首先看到天井式院落，院落东侧有数排酥油灯，白天也总是长明不灭，一如这些虔诚信徒们永不熄灭的信仰。酥油灯后面就是大昭寺主殿的正门，大昭寺最早的建筑都是从这个门开始的。外面院子都是后来修建、扩充的。由于经多年信徒的摩擦，主殿门口的木地板要不了多久就得换一次。

进入大殿，左右各有两尊巨大的佛像。左侧为红教创始人密宗大帅莲花生，他本来是印度的佛学家，公元8世纪进藏，他入藏以后藏区开始出现密宗。右侧是未来佛，又叫弥勒佛。大殿通道入口处右侧是关于大昭寺建寺故事的壁画，它生动形象地绘出了公元7世纪时的早期布达拉宫的样子，以及当年填湖建大昭寺的情景。

大殿正中是释迦牟尼的镀金塑像。佛像丰满圆润，眉毛细弯，面露微笑，衣冠华丽，是典型的唐佛造型。据说尼泊尔尺尊公主和文成公主分别带来了释迦牟尼8岁等身佛像和12岁等身佛像。这尊镀金塑像就是文成公主带来的12岁释迦牟尼等身佛像。佛龛两侧，屹立着四尊力士塑像，姿态各异，神情生动，是为纪念运佛人的功劳而塑造的。二层配殿内，供有松赞干布、尺尊公主、文成公主等塑像，神态和蔼，栩栩如生。殿堂和四周回廊间绘满壁画，此外，寺中还藏有唐代丝织佛像、明代的大银灯、珍珠佛衣和金灯等稀世珍品。

唐代初建的大昭寺规模不大，仅有八个殿堂。经元、明、清朝历次扩建，规模渐次扩大。现存的大昭寺，殿高四层，上覆金顶，建筑面积达 2.5 万平方米。大昭寺是汉、藏建筑艺术的合璧之作。主殿的梁架、斗拱结构，均为汉族古典建筑技法，但其柱头檐部的装饰，却是典型的藏族风格。金殿顶的结构、造型与装饰，

大昭寺金顶

也都巧妙地糅合了汉、藏技术和艺术风格。

从左向右依顺时针方向游览，第一间小殿里面供有宗喀巴大师及其八大弟子的塑像，此八位弟子都为弘扬藏传佛教格鲁派做出了巨大贡献。转过来第二间殿是观世音殿。当地人供养佛的方式很虔诚，在殿内经常能遇到当地一些家庭给观世音菩萨脸上涂金粉的情况。观世音殿再往前有一排塑像，其中一个头发花白的高僧，就是藏族人民非常景仰的唐东杰布。此人生于15世纪，他在藏族历史上有两大功劳，一是发明了藏戏，二是和另外一些高僧创立了藏医学院。

在南墙与东墙拐弯之处，供有宗喀巴大师及其他教派的诸位宗师像。东墙第一间佛殿供的是无量光佛。这里还可以看到公元7世纪的檀木门框和上面精美的雕刻。2000年，大昭寺被列为世界文化遗产，诸多的入选条件中，最关键的就是这些木雕，因为在西藏其他任何寺院都看不到，只有在大昭寺有。这些木雕现在已经像铁一样坚硬了，敲一下，还会发出金属之声。毕竟是经历了一千多年风风雨雨过来的传世国宝。

如果说布达拉宫是一座巍峨的圣殿，吸引着诸多的游客，那么大昭寺则对虔诚的藏传佛教信徒充满了诱惑。这座高大的、有着金色屋顶的寺院，整个院落弥漫着藏香，成片的永不熄灭的酥油灯在一闪一闪的光影里注视着人们双手合十高举，弯腰俯首，将身躯与大地亲吻的动作。此起彼伏间，他们将最虔诚的信念都留在了这里。

小昭寺的安谧

　　小昭寺位于拉萨市北京路以北的小昭寺路上，在大昭寺北面不远处，其建立与唐代文成公主和松赞干布的联姻有着密切的关系。据说小昭寺是为供奉从大唐请来的释迦牟尼12岁等身佛像，由文成公主督饬藏汉族工匠修建的，与大昭寺同时开工，同时告竣，同时开光。小昭寺大门朝东，以寄托文成公主对家乡父母的思念。寺名"甲达热木齐祖拉康"，意为"汉虎神变寺"。当地百姓把这一带称为"热木齐"，意思是"汉人的"。小昭寺占地面积约4000平方米，寺内如今供有释迦牟尼8岁等身像及众多的佛像和唐卡等，1962年被国务院公布为西藏自治区重点文物保护单位，2011年被列为全国重点文物保护单位。小昭寺是拉萨名胜之一，通常与大昭寺被连称"拉萨二昭"，以此驰名于世。小昭寺不仅是西藏最早的寺庙之一，而且是汉藏两个民族团结友谊的象征，在汉藏民族关系史上占有极为重要的地位。

　　相传文成公主进藏时，由汉族力士贾伽与鲁伽两个人用木

小昭寺外景　　　　　　　　　　　小昭寺庭院门楼

车将释迦牟尼12岁等身佛像送到西藏,到了现今的小昭寺处,木车沉陷在沙地之中,只好四面立柱,覆盖白绸供养。多才而笃信佛教的文成公主通过历算,得知此处是龙宫所在地,如果把释迦牟尼佛像安放在此地,建寺供奉,即能震慑龙魔,使国运昌盛。后经过一年的建造,顺利竣工,藏王松赞干布设广大庆筵,为之开光。小昭寺初建时仿汉唐格式,崇楼峻阁,金碧辉煌,极为精美壮观。后经数度火焚与修复,现存的小昭寺为明清时期黄教格鲁派上密院的修法之地。现存小昭寺建筑风格仍融合了汉藏式建筑特点。其前部为庭院,后部是神殿及其门楼、转经回廊等附属设施。门楼高三层:底层为宽敞的明廊。明廊有10根大柱(直径0.8米),皆为十六棱形。柱身有三条铜箍,铜箍面上透雕花瓣。明廊后部墙壁上绘有四大金刚(即四大天王)和六道轮回图、极乐世界图等壁画;门楼二、三层是僧房和经堂等。穿过门楼即是绕神殿一周的转经回廊。回廊南、西、北三面原竖有木制嘛呢轮,廊壁上也遍绘无量寿佛、白度母等壁画。顶层是汉式金瓦,金光闪闪,拉萨各个方位均能看到,蔚为壮观。

小昭寺原来供奉的是从大唐请来的释迦牟尼12岁等身佛像，现今怎么成了释迦牟尼8岁等身佛像？原因是松赞干布之孙芒松芒赞执政时期（公元650—676年），听到传闻说，唐高宗要派兵进藏，有可能会夺走由文成公主带到吐蕃的释迦牟尼12岁等身像。芒松芒赞便将该佛像从小昭寺移藏于大昭寺的南厢明鉴门内，并堵其门，画妙音佛以作伪装。金城公主嫁到吐蕃后，从大昭寺墙壁裂缝中发现了这尊佛像，便下令将其公开供奉于大昭寺，又取尺尊公主带来的释迦牟尼8岁等身佛像，供奉于小昭寺，并安排汉僧管理一切宗教仪式。于是，两位公主带来的两尊佛像从此易寺而供。明、清两朝皇帝对小昭寺十分重视，清乾隆帝曾御赐"耆阁真镜"的匾额。

虽然小昭寺规模和名声都比不过大昭寺，现今没有被列为西藏热门旅游景点，但却别有风味，前来瞻仰、礼拜的游客和信众仍不少。

汉藏团结,垂范后世

政治往来频繁

伴随着唐蕃古道的形成,唐蕃之间的政治联系不断加强,尤其是唐蕃使臣的相互往来逐渐频繁起来。

据有关资料统计,自唐贞观八年(634年)吐蕃首次遣使入唐,至9世纪中叶吐蕃王朝崩溃。其间,双方往来使者共290余次,其中唐朝入吐蕃100余次,吐蕃入唐朝190余次,这中间有朝贡、议盟、盟会、修好、和亲、告丧、吊祭、封赠、求请、报聘、慰问、约和等诸多表现汉藏团结友好的活动。形成了"金玉绮绣,问遗往来,道路相望,欢好不绝"[(唐)独孤及:《昆陵集》卷18《敕与吐蕃赞普书》,见台湾商务印书馆影印本《文渊阁四库全书》第 1072 册第 297 页]的亲密关系,其中对汉藏关系影响最大、历史意义最深的来往就是汉藏间的和亲活动。

公元 641 年唐朝文成公主和吐蕃松赞干布的联姻,标志着唐蕃政治关系迈出了亲善友好的历史性一步。而 70 年后的唐景龙四年(710 年),金城公主的再次入蕃,使唐蕃之间的政治友好关系得到延续和进一步发展。双方频繁的往来在增进藏汉民族间了解的同时,也增进了两个民族间的友善和融合,二者曾一度达到了一种唇齿相依、休戚与共的境界。而以"偃兵息人"和"团结邻好,安危同体"为目标的军事交往也使唐蕃之间的关系总体上以和平友好为主。作为解决矛盾的使者,也总是身衔和平使命奔走于唐蕃两地,为双方人民的团结友好和安居乐业做出了历史性的贡献。

如唐玄宗开元十八年(730 年)到十九年,蕃使名悉腊和唐使皇甫惟明、崔琳等在长安和逻些的出使活动,就为唐开元二十二年(734 年)在赤岭划界树碑和设市贸易铺平了道路。唐穆宗长庆元年(821 年),蕃使讷罗和唐使刘元鼎,分别在长安同宰相崔植以及在逻些和赞普赤热巴巾(又名赤祖德赞)的会盟,对于重申"甥舅之好"和巩固、发展唐蕃"同为一家"的亲密友好关系起了更为重要的作用。唐蕃联姻使大唐与吐蕃结成"舅舅"与"外甥"似的亲缘关系。唐蕃间多次会盟的盟文中频繁出现"舅甥"称呼,尤其是迄今矗立在拉萨大昭寺前的"长庆会盟碑",被藏族群众直称为"甥舅会盟碑"。直到宋代,吐蕃王室后裔所建地方政权如唃厮啰政权仍视北宋皇帝为"阿舅天子"。

宋代时,作为河湟吐蕃地区最有影响的政治实体,唃厮啰政权在青唐(今西宁)的崛起和与宋朝君臣关系的确立,使藏汉民族间的友好往来得到延续和加强。从宋真宗大中祥符元年(1008年)至哲宗元符元年(1098年)的90年间,唃厮啰向宋朝贡达80次之多。到了元代,包括今西藏在内的藏族聚居区全部纳入中央王朝统一管辖体系中,藏汉人民的交往和团结有了进一步发展。明朝时,藏族聚居区僧俗首领对朝廷的朝贡往来更为常见,一度甚至由于朝贡过于频繁,明政府不得不做出限制性规定。由此可以想见,当时藏汉之间的来往也是非常普遍的。到了清朝,藏传佛教领袖达赖喇嘛和班禅两大系统的转世制度得以确立,新达赖和班禅的确立都必须得到清朝皇帝的批准。达赖喇嘛和班禅每两年须各遣使朝贡一次。乾隆末年,清兵开进西藏,击败了廓尔喀部的侵略,保全了中国领土的完整,解除了西藏人民的灾难。近代以后,在英帝国主义的挑拨下,西藏与祖国一度出现不正常的关系,汉藏两族也出现一些隔阂。

1951年西藏解放，在中国共产党领导下，人民当家做主，建立起中国历史上从未有过的民族平等、团结、友爱、互助的新型关系，藏族同其他各兄弟民族一样，在伟大的民族政策光辉照耀下迈向幸福美满的社会主义大道。可见，唐蕃和亲开创的藏汉之间的友谊源远流长，一直延续至今。如今还完整屹立在大昭寺门前的唐蕃会盟碑，就是追求和平的汉藏人民从历史走来、延续历史的最好见证。

经贸交往广泛

唐蕃之间频繁的使臣往返活动，不仅促成了唐蕃之间政治、军事间的交往，更促进了相互间极为广泛的经济贸易往来，丰富了各族人民的物质生活。首先，唐朝两位公主居住过的地区农业有了发展，唐蕃古道沿线唐朝使臣经过的地区，农业经营方法和农作物生长情况接近汉族地区。

以文成公主入藏为契机，中原地区多种先进的生产技术传入吐蕃。据《松赞干布遗训》记载：文成公主带入吐蕃的有"务农及改良土壤之书籍及碾磨、造纸等技术，文成公主将汉地芜菁（芜根）种子带到吐蕃"。文成公主入吐蕃时，首先来到青海地区,曾在这里教蕃人"捕鹿耕田,建造水磨"。《西藏歌谣》中,也有许多有关文成公主的颂赞:"从汉族地区来的王后文成公主,带来不同的粮食共有三千八百类,给西藏的粮食打下坚实的基础。从汉族地区来的王后文成公主,带来不同手工艺的工匠五千五百人,给西藏的工艺打开了发展的大门。从汉族地区来的王后文成公主,带来不同的牲畜共有五千五百种,使西藏的乳酪酥油从此年年丰收。"虽然这些话有着艺术上的夸张,但文成公主向藏区输入过农业、手工业技术是不争的事实。文成公主以一个王族出身的年轻弱女子,情愿经历长途跋涉之艰辛,远嫁人地生疏的吐蕃,远离亲人和家乡,为藏汉两民族的友好团结和祖国的统一事业,做出了自己的贡献,所以受到藏族人民长久的怀念、真诚的敬爱和热情的歌颂。

"公主答应来西藏"的民歌中记录了藏族人民热烈欢迎文成公主的场面,以高昂的激情歌颂了文成公主入藏的史实,充分表达了藏族人民对文成公主的热爱和汉藏两族友好联姻、团结互助的重视和珍惜之情。歌中对文成公主入藏之事给予了高度评价,"西藏从此幸福又繁荣,这是汉藏友好的象征"的唱句,充分显示了藏族人民对历史的正确理解和判断。

文成公主入藏后吐蕃大量引入唐朝的物质生产技术,促进了吐蕃的经济发展和社会进步。中原的丝绸、茶叶、农耕技术源源不断地传入吐蕃。吐蕃则将马、牛、羊、骆驼、牦牛尾、獭褐、金器、银器、玉器、染药等大量输入中原。

藏族传说,种植青稞、小麦、豌豆及使用水磨、养羊,以及造屋、织氆氇等技术,都是公主及公主带去的大批工匠传授的。西藏山南地区的农民传说"二牛抬杠"的耕作方法是文成公主传去的;日喀则的铜匠自述其祖师为文成公主,木匠也称其技术系从文成公主那儿学来;纺织、刺绣也是文成公主所教的。这些虽属民间传说,难免有附会及夸大之嫌,但绝不是无稽之谈。索南坚赞的《吐蕃王统世系明鉴》也说:"公主到了康地的白马乡,垦田种植,安设水磨……(公)主使乳变奶酪,从乳取酥油,制成甜食品。以丝工织,以草制绳索,以土作陶器。"可见,藏地的许多技术都源自中原。

在建筑方面,由于汉族工匠的土木建筑技术传入,吐蕃的建筑业有了很大的进步和发展。拉萨大昭寺的建筑风格,飞檐重阁,石狮装饰,与内地佛寺如出一辙。文成公主对大昭寺的建造十分关心,她在寺前亲自栽植的几株柳树,被称为"唐柳"或"公主柳"。小昭寺为文成公主所建,其风格更是汉式的。

在唐朝影响下,吐蕃一些原来没有农业的地区有了农业,并实行双牛耦耕。特别是在两位公主居住过的山南地区，已开始有目的地施用牲畜粪肥、草木灰，开展除草松土、分畦培墒等田间管理、水土保持工作。藏文史籍记载，芜菁等蔬菜农产品也是由文成公主传入吐蕃的。唐朝的冶金、农具制造、纺织、建筑、制陶、碾米、酿酒、造纸、制墨、缫丝等手工业也由唐朝派去的工匠培养发展起来。文成公主和她的侍女还帮助吐蕃妇女改进纺织技术，特别在染色和图案设计方面提供了改进意见。金城公主入藏时，"杂使诸工悉从"，有力地促进了吐蕃社会经济，特别是农业与手工业的发展。吐蕃人还仿制了一部分从唐朝流传过来的器物，如刀、箭、镰、镜等。

其次，"茶马互市"的兴起，对繁荣农牧业经济、改善农业区和牧业区的生产和生活结构发挥了重要作用，在历史上有着深远的影响。据记载，吐蕃王朝于公元696年（武则天万岁通天元年）、731年（唐玄宗开元十九年）以及815年（唐宪宗元和十年）曾三次遣使唐朝，分别请许在益州（今四川成都）西北边、赤岭（今青海日月山）和陇州（今陕西陇县）款塞互市。这些唐蕃共同市场的建立和以缣茶马牛交易为主要内容的物资交流活动，对于唐蕃政权的巩固和经济的发展，起到了不可低估的作用。唐朝所需的战马与农业生产中的耕牛，通过互市得到了一定程度的满足；而吐蕃通过互市，得到了他们所需的茶叶、缯彩等物品。双方广泛的贸易交往，大大加快了唐蕃两地经济的发展。

到了宋代，茶马互市的规模进一步扩大，设立了掌管茶叶专卖与买马事宜的专门机构——茶马司。由于宋朝设买马厂，并对市易所加强了管理，因而汉藏之间的互市量大增，茶马交易异常活跃。当时的唃厮啰政权所在地青唐城是一个重要的商业地，藏族部落之间除了时常进行交易外，还帮助宋朝边官买马。元朝幅员广大，马匹充足，没有必要用实物交换去收揽马匹，至于茶叶营销，仍实行国家专卖制度。明代，出于边防需求，每年必须得到大批马匹来武装军队。由于"蕃人食乳酪，不得茶则困以病"，于是明朝承袭唐宋的做法，继续与西北产马的少数民族实行茶马市易。明代与茶马贸易配套的管理机构更为庞大，管理制度更加严密，茶马交易更为活跃，而且逐步趋于制度化。到了清朝，在沿袭明朝做法的同时，对明中期以来的茶马互市制度做了一些调整，使制度更加规范。到雍正末年，兴起于唐宋、对汉藏两地经济发生过重要推动作用的传统茶马互市宣告结束。物物交换不再延续，但农畜产品互通有无的商贸流通并未停止，而且越到后来发展规模越大。

文化交流深入

伴随着唐蕃古道上经济贸易的繁荣,汉藏两族间的文化交流也不断深入。从松赞干布开始,吐蕃便"遣酋豪子弟,请入(唐朝)国学以习诗、书。又请中国识文之人典其书疏"。有许多吐蕃人对汉族诗文十分精通。

吐蕃人原先"以毡帐而居",文成公主入藏后,有不少人"释毡裘,袭纨绮,渐慕华风"。8世纪以后,两地间的文化交流更为频繁,那时候,汉人在吐蕃地方机构中担任官职已不是什么稀奇之事。在藏汉文化的交融发展中,汉族吸收吐蕃的东西也不少。如白居易《时世妆》里所写道:"元和妆梳君记取,髻堆面赭非华风"。赭面本来是吐蕃人以赭色防晒物质涂面,防风沙护皮肤的一种习俗,但因文成公主不太喜欢而被松赞干布在国中禁止,不曾想这种风俗却传到了长安,并在长安流行一时。吐蕃的马球运动和马术传至长安,一度也曾受到推崇。

吐蕃的佛教和汉族地区的佛教关系也十分密切。文成公主的崇佛深刻影响了松赞干布,使松赞干布成为吐蕃历史上第一位著名的信仰佛教的"法王"。在松赞干布的支持下,蕃地开始有了供佛的佛堂,汉地的佛像、佛经、佛寺型制和汉僧进入吐蕃,促进了吐蕃社会佛教的兴起。赤德松赞时佛教在蕃区进一步得到发展,并逐渐本土化,成为吐蕃人们的共同信仰。另外在历法方面,吐蕃也基本上采用了汉族地区天干和地支配合的纪年方法。唐蕃在语言、生活习俗以及医学、工艺美术、音乐舞蹈等方面的交流与相互影响也是很深的,这些交流有效顺遂并发展了双方的"神缘"即精神文化方面的亲缘关系,增进了汉藏两族人民的友谊和融合,也丰富了祖国的文化宝库。唐代汉藏交界地带民风已很接近,诗人陈陶的《陇西行》中形容这里的吐蕃人是"自从贵主和亲后,一半胡风似汉家";而张司业在陇西见到的汉人则是"去年中国养子孙,今著毡裘学胡语",都是对当时民风的真实写照。

吐蕃王朝崩溃后,历经了约 400 年政治上的分裂割据时期,到 13 世纪中期,元朝正式将西藏纳入中央王朝的直接统治之下。这一时期由于社会稳定,经济文化都得到很大发展。大批藏传佛教僧人往来于中原王朝与藏区之间,为皇帝讲经、说法灌顶、消灾荐福、超度祭祀,将以藏传佛教为主的藏族文化传播到元朝皇室,并进而流布到民间。同时,这一时期音乐、历史学、天文历算、医学上都出现了专门的著作。明清时期,随着商业贸易的发展,这条因唐蕃和亲而开辟的通道依然发挥着它无可替代的作用。

汉藏间的经济、文化交流使汉藏民族在经济、文化上相互依存，互通有无，改善了各族人民的生活，同时也使两个民族共同融入了不可分割的一个整体。文成公主出嫁的历史文化意义，已远远超出了统治者所期望的政治作用。故藏族人民视文成公主为"白度母"，歌颂文成公主的藏戏《文成公主》长演不衰，历久弥新。

南亚陆路辟通

早在两汉时期，中国内地与南亚诸国已有交往，其通道一是由敦煌沿塔里木盆地北缘出葱岭，经撒马尔罕南行入南亚诸国；二是由敦煌沿塔里木盆地南缘出葱岭而后入印度、泥婆罗（尼泊尔）诸国。后来随着"唐蕃古道"、泥婆罗道的畅通，形成了由长安经青海入吐蕃、泥婆罗而至印度等南亚诸国的新通道。

泥婆罗道是吐蕃都城逻些至泥婆罗都城坎提普尔间的一条古老通道。其走向是由拉萨西南行，在曲水附近渡过雅鲁藏布江，经羊卓雍湖、浪卡子、江孜到日喀则，再经拉孜、协噶尔到定日，由此分三路入尼泊尔。吐蕃与泥婆罗毗邻，双方在公元7世纪初，就已有着经济和文化上的交流。公元 637 年，泥婆罗国王将其妹尺尊公主嫁给吐蕃赞普松赞干布为妻，泥婆罗遣使护送公主入蕃，而松赞干布也派人前往迎亲。随着联姻的成功，双方间的往来便不断增多。使臣、学者、僧人开始奔波于此道，两国间经济、文化联系密切起来。吞米桑布扎等人前往印度学习走的就是这条泥婆罗道，而印度等国的使臣、学者、商人亦经此路往返。

唐蕃古道的开辟，使吐蕃不仅加强了与内地中原的联系，同时也为拓展整个丝绸之路做出了巨大的贡献。此后，唐代许多高僧都曾往来于此道求法或求经，他们在遍洒佛教种子的同时，也带动了双方间的贸易往来和文化交流。据《大唐西域高僧求法传》和《法苑珠林》载，唐贞观年间（627—649 年），玄奘等人去天竺求法，路过吐蕃时，得到文成公主资助，文成公主还送他们去北天竺。王玄策出使五天竺（中天竺、东天竺、南天竺、西天竺、北天竺）返唐后，入朝表奏玄奘等人的德行，唐王召玄奘等人入京。他们返抵泥婆罗时，得到泥婆罗王的接见和资助，送他们到吐蕃，他们再次见到了文成公主，文成公主又一次资助他们，于是他们经过苏毗、吐谷浑回到长安。元朝时，应八思巴之请前来西藏建造佛塔的尼泊尔人都经过此道而来，其中善于绘画、雕塑和铸造金佛的阿尼哥还被邀到大都参加了元朝首都的建设。到明清时期及以后，这条通往南亚诸国的通道仍在沿用。

第三章 和战不休 古道繁忙

唐蕃古道不仅是唐朝与吐蕃和亲的通道，更是两国进行经济、文化、交流的通道，双方关系恶化时，也是两国运送兵员、辎重进行战争的通道。

唐蕃古道不仅是唐朝与吐蕃和亲的通道，更是两国进行经济、文化交流的通道，双方关系恶化时，也是两国运送兵员、辎重进行战争的通道。文成公主与松赞干布成婚以后，唐蕃间开始在政治上结成了亲密的甥舅关系。松赞干布去世后，唐朝和吐蕃之间一方面保持着密切的关系，和亲、册封、吊祭、安抚、宣慰、报聘、会盟，两国使者在古道上往来不断；另一方面，唐蕃双方在吐谷浑、西域、河陇地区冲突不休。唐天宝以后，这种冲突更趋激烈，吐蕃利用唐朝国力衰微的时机，给唐朝在西域、河陇地区的统治带来了严重的威胁，并一度占领了唐都长安。当时，唐蕃双方为了遏制对方的攻势，就在古道及其沿线筑城置堡驻兵，因而两国间的战争主要也是在唐蕃古道或其沿线发生。唐朝和吐蕃在古道上的战事主要有大非川之战、良非川之战、石堡城之战等。值得注意的是，出于各自战略利益的考虑，在很多时候，唐朝和吐蕃之间战争和通使交替进行，常常是战争还没有结束，但庞大的通好、和亲使者已经踏上了古道。或者是前去和亲、报聘的使者还没有返回，但大军又迤逦不绝地通过古道开赴前线阵地。在战争间隙，唐朝和吐蕃还在古道上开设互市，双方贸易往来，丰富了各自的经济文化生活。

唐蕃争战，生灵涂炭

大非川一战　仁贵解甲归田

在松赞干布时期，唐蕃联姻奠定了唐朝、吐蕃和吐谷浑之间友好相处的基础，使吐蕃保持了与唐朝的和睦关系，给当时的唐西北地区带来了20多年的和平局面。但随着松赞干布的去世，这种局面即被打破。唐永徽元年（650年），松赞干布去世，其孙芒松芒赞即位。因新赞普年幼，遂由大论（即宰相）禄东赞辅佐朝政。禄东赞与赞普同宗，为噶尔家族后裔。噶尔家族诞生了不少能力出众的人物，在藏族历史的发展中起了很大的作用。《敦煌本吐蕃历史文书》记载说，噶尔家族曾在古代苏毗王朝中担任过重要职责。苏毗被悉补野部吞并后，噶尔家族成员又成了吐蕃政权的重臣之一。禄东赞在松赞干布即位初就受命为大论,史书说他"性明毅,善用兵",曾帮助松赞干布剪除内外异己势力,稳定了吐蕃政局。他还成功地从尼泊尔、唐朝为松赞干布迎娶来两位公主。禄东赞赴唐朝为松赞干布求婚时,因应对得体,深得唐太宗的赏识,号称时贤。松赞干布在世时,禄东赞尚能忠实地执行唐蕃友好和巩固王室政权的既定国策,及至赞普离世,禄东赞专权,开始实行一系列对外扩张的政策。

这一时期,唐蕃间的矛盾主要交织在西域和吐谷浑两个问题上。唐朝立国后,一直为通畅丝绸之路努力,想恢复到当年汉朝在西域的统治水平。为此,自贞观以来,唐朝先后与盘踞在古丝路沿线的吐谷浑,东、西突厥及西域诸国进行了旷日持久的争战。在这个过程中,出于各自利益需求,唐蕃时而敌对,时而结盟。另外,吐谷浑与唐朝、吐蕃的关系错综复杂。吐谷浑不仅是唐朝和吐蕃之间的缓冲中介,也是唐朝河西的屏障,还是唐初西部的边患,更是阻碍唐朝控制西域的障碍之一。唐、蕃多根据自己的需要,对吐谷浑采取又打又拉的政策。唐贞观九年(635年),唐朝因吐谷浑拘禁唐使且拒不认错,遂在暂时与吐蕃结成盟友的状况下,向吐谷浑发起了攻击。在唐朝猛烈的军事打击下,吐谷浑很快瓦解。战后,唐朝立诺曷钵为王,吐谷浑成了唐的藩属。唐贞观十一年（637年），吐蕃以吐谷浑挑拨唐蕃关系，阻挠唐蕃联姻为借口，也对吐谷浑发动了军事打击，占领了吐谷浑乌海（今青海冬给措纳湖）之南的大片领土。唐、蕃对吐谷浑的政策使其国内产生了政见迥异的派系，即以诺曷钵为首的亲唐派和以丞相宣王为首的亲蕃派。两派相互攻讦、争斗，成了影响唐蕃关系的又一导火线。

在唐永徽、显庆年间，唐朝顺利地收复了西突厥两厢、十姓部落，臣服了中亚诸国，把唐朝的西界扩展到乌浒水流域及河中地区，在当地创置了昆陵、蒙池、月氏三个羁縻都护府和若干个羁縻州、都督府，从而使唐朝对西域的控制达到顶峰。但吐蕃赞普刚刚去世，新主年幼，国内诸事纷扰，禄东赞被迫全力对内，处境尴尬，无暇扩张，因此勉强和唐朝维持着和睦关系。唐显庆三年（658年），解除了内忧外患的吐蕃向唐朝遣使请婚，遭到拒绝，于是以此为借口，在吐谷浑问题上重挑事端。从显庆四年（659年）开始，禄东赞长期稽留在吐谷浑，挑唆吐谷浑内部的亲蕃势力，想联合攻打唐朝，但诺曷钵政权始终不肯合作。吐蕃就趁唐朝连年用兵高丽之机，加紧了对吐谷浑的分化和攻击。唐龙朔三年（663年），吐谷浑亲蕃大臣素和贵叛投吐蕃，把吐谷浑的虚实全部告诉给禄东赞。吐蕃乘机进攻，诺曷钵和弘化公主统领数千帐属民败走凉州（治今甘肃武威），同时向唐朝遣使告急。

吐蕃占据吐谷浑全境，严重威胁到了唐朝西北边境的安全。但当时唐朝忙于辽东战事，一时很难抽调太多的兵力增援吐谷浑，只派凉州都督郑仁泰为青海道行军大总管，率右武卫将军独孤卿云、辛文陵等分屯凉州、鄯州（治今青海乐都），防备吐蕃东进。六月，又改以左武卫大将军苏定方节度诸军，声援吐谷浑。吐蕃遂遣使入唐，上书罗列吐谷浑的"罪状"，要求唐朝承认其攻占吐谷浑领地的合法性，遭到唐高宗的斥责。之后几年中，在是否出兵救援吐谷浑的问题上，唐朝大臣意见分歧，唐高宗也犹豫不决，这事便被搁置了起来。至此，在青海草原立国有350多年的吐谷浑就这样灭亡了。

唐乾封二年（667年），禄东赞病死，其子赞聂多布、钦陵、赞婆、悉多、于勃论凭恃乃父勋业余荫和自己出众的才干，分掌吐蕃军政大权，威震朝野。噶氏家族为了维护吐蕃王朝的既得利益和本家族的权势地位，不遗余力地奉行了禄东赞时的扩张政策，与唐朝对抗，吐蕃从此成了唐朝西陲最大的边患。

除了在今青海地区寇扰唐朝外，自唐显庆二年（657年）起，吐蕃还在西域频繁地从事颠覆唐朝统治权的活动。先是攻破护密,后又策动龟兹(今新疆库车)、疏勒(今新疆喀什)、弓月、于阗(今新疆和田)等地的亲蕃势力发动叛乱,西突厥左厢被迫臣服吐蕃。乾封二年(667年),吐蕃蚕食了唐朝所设生羌羁縻州12处,西突厥右厢也脱离了唐朝的控制。唐咸亨元年(670年),吐蕃攻陷唐朝在西域的羁縻州18处。接着,又和于阗联兵攻陷龟兹拨换城(今新疆阿克苏)。至此,安西四镇全部废黜,唐朝在西域的统治受到了致命的打击。吐蕃的一味进攻,使唐朝感到如兵在颈,迫不得已之下,开始组织兵力进行反击。

唐咸亨元年四月,唐朝结束了辽东战事,兵力紧张的状况得到缓解,唐高宗遂任命薛仁贵为逻娑道行军大总管,以左卫员外大将军阿史那道真、左卫将军郭待封为其副将,统军10万,以护送吐谷浑归还故土的名义进讨吐蕃。

薛仁贵,绛州龙门(今山西河津市)人,原以务农为业,出身贫贱。他在贞观末年应募从征,前后参加过唐初对高丽、突厥、吐蕃等的战争。因他精于骑射,勇冠三军,曾屡建奇功,成为唐朝一代名将。《旧唐书·薛仁贵传》记载说,贞观十八年(644年),仁贵应募随军开赴辽东前线。安市之战中,面对高丽军队的强大阵营,仁贵"乃异其服色,着白衣,握戟,腰鞬张弓,大呼先入,所向无前"。在高山指挥的唐太宗见薛仁贵如此勇猛,特地派人查问阵前穿白衣者是谁,并单独召见仁贵,擢授游击将军云泉府果毅令北门长上。自此,薛仁贵名震中外。回到长安后,太宗再次召见薛仁贵说:"朕旧将并老,不堪受阃外之寄,每欲抽擢骁雄,莫如卿者,朕不喜得辽东,喜得卿也!"民间流传的有关他的故事、戏剧、小说多取材于这段经历。此外,薛仁贵的卓越战功就要算北伐突厥击败铁勒九姓的入侵了。唐龙朔元年(661年),回纥纠合仆固、同罗等铁勒九姓侵扰唐境,薛仁贵奉命随郑仁泰北征。对方选骁健者数人先来挑战。薛仁贵发三箭,射死为首的三人,于是余众气慑,皆下马投降。当时军中作歌称赞仁贵说,"将军三箭定天山,壮士长歌入汉关"。唐军乘胜追至碛北,"九姓自此衰弱,不复更为边患"。

唐咸亨元年(670年)八月,唐军进抵大非川(今青海省兴海县大河坝河上游地区)。大非川是唐蕃古道上的重要一站,由西宁到拉萨途中,翻过河卡山,就会看见一条宽广平坦的草原,这就是兴海县的大河坝川。从这里到鄂拉山口,草原虽略有起伏,但基本平坦,这里就是著名的大非川。当时,薛仁贵要郭待封领2万兵屯于大非岭上,置栅保护军需辎重,待命而进,以为后援。他自率大部急行军去乌海(今冬给措纳湖),欲奇袭吐蕃。但吐蕃方面早有准备。吐蕃大将钦陵统所部40万人马驻扎于大非川西南，以逸待劳。当薛仁贵率军进到河口（约今玛多县城东北黄河拐弯处）时，遇到一支蕃军，唐军"大败之，斩获甚众，收其牛羊万余头"，遂进到乌海城（约今玛多县黑河乡一带，在唐蕃古道上）。郭待封是唐开国元勋、西域名将郭孝恪之子，他曾任鄯城（今西宁）镇守，官职与薛仁贵相平。此次征讨吐蕃，对位列于薛仁贵之下，愤愤不平，因而对薛仁贵多不尊崇。这时听到薛仁贵获胜的消息，遂违背主帅命令，携带大量辎重缓进乌海，欲图争功。他还没到乌海，途中遇到20万吐蕃军队围攻。唐军不敌，粮秣辎重尽失，郭待封大败而逃。薛仁贵闻警，率部急忙退回大非川。此时钦陵集合40万人马围攻。大非川一带海拔3800米以上，是高海拔黑土带冻土区，广泛分布着片状的大小泉眼，泉口大者丈余，小者一尺左右，内有积水，属于草甸草原。积水多时成了沼泽地，泉水干枯后地貌高下不平。吐蕃军马熟悉这种地形地貌，在泉口行走，不致失蹄。但唐朝军马不惯在这种地形上驰骋，"动辄颠踬"。唐军人困马乏，惊慌失措，又无外援，结果大败，"死伤略尽"。最后钦陵答应了薛仁贵的求和要求，释放了所有俘获唐军将士。

　　大非川一战，钦陵以绝对优势兵力一举歼灭唐朝10万大军，大败了赫赫有名的薛仁贵，吐谷浑复国的希望彻底破灭。而唐朝也失去了与吐蕃之间的缓冲地带，形成了与吐蕃的直接对峙，其控制区域从河源一带退缩至日月山一线。薛仁贵因兵败被贬为庶人。吐蕃占领吐谷浑后，取得了继续东侵、西进、北上的立足点和主动权。它以水草肥美的黄河源头和环青海湖地区为战略基地，充分利用吐谷浑故地的羌浑部落，凭借就近供给的便利条件，正式拉开了和唐朝争斗的帷幕。唐蕃古道上军队往来，物资运送更趋频繁。

良非川之役　常之名动河湟

大非川战役后，唐朝不但没有挽回在西域败退的被动局面，还失去了在西部边境的凭依。而吐蕃占有了对唐斗争的优势，遂采用政治和军事交替的手段，对唐朝发动攻击，唐朝也进行了相应的抵抗。这一时期，吐蕃对唐朝的军事进攻重点仍在西域和河湟地区，两地的行动互为策应。

唐咸亨三年（672年），吐蕃派仲琮出使唐朝，唐高宗对大非川之败耿耿于怀，质问说："吐蕃与吐谷浑本是甥舅之国，素和贵叛主逃走，吐蕃纳之，侵逼浑国，招其叛士，夺其土地。

我遣薛仁贵等安辑慕容之众，吐蕃掩其不备，伏甲击破之。既又寇逼凉州，欲陷城堡，其故何也？"仲琮回答巧妙，说自己只是来贡献方物的，攻占之事，他没有参与，不知内情。唐高宗派都水使者黄仁素对吐蕃进行了简单的回访。同年，吐蕃联合弓月攻打疏勒，疏勒投降了吐蕃。唐朝派遣单于大都护府长史假鸿胪卿薛嗣业统军西征，征服了弓月、疏勒、龟兹、于阗、焉耆，并在西域各地重建羁縻州府。唐上元二年（675年），吐蕃大臣吐浑弥奉命到长安请和，并要求与吐谷浑重新修好。在与唐朝谈判的同时，吐蕃在象雄境内征集兵力物资，想在西域大规模攻唐，后因瘟疫蔓延，备战工作没有顺利完成，进攻计划才被迫放弃。

为了遏制吐蕃的攻势，唐朝在河湟地区屯集重兵，加强了陇右的防御。唐原先以兰州都督府负责青海东部鄯、廓两州的军事防务。两州境内置有合川守捉（今化隆甘都堂）、洪济镇（今贵南沙沟）、静边镇（今贵德河阴）以及承风戍（约今湟中县上新庄镇与贵德县尕让乡交界的拉脊山一带）、黄沙戍（约在今尖扎县城马克塘）等军事单位。唐蕃直接对峙后，随着吐蕃攻势的趋强，这些防务机构逐渐不敷抵御需求。唐仪凤二年（677年），唐朝置鄯州都督府（治今乐都），使其构成独立的军事防区。又置河源军于鄯城，驻兵达14000人。升廓州静边镇为积石军，驻兵达7000人。这两个军遂成了开元以前唐朝在陇右地区抵御吐蕃的前沿军事重镇。唐朝在陇右地区布防重兵的举措一直持续到开元年间，最终在这里设立了严密的军事防御体系。此外，唐朝还在河湟、陇右地区实行了屯田、牧养官马等举措，有效地解决了军需与补给的矛盾，也推动了当地农牧业生产的发展。

唐仪凤元年（676年），吐蕃攻入鄯（治今乐都）、廓（治今化隆）、河（治今甘肃临夏）、芳（治今甘肃迭部）诸州，大肆杀掠。同时迁来大量的吐蕃部落，从而使这些地区成为以吐蕃人为主的多民族地区。唐廷以雒州牧周王李显为洮州道行军元帅，以并州大都督相王李轮为凉州道行军元帅，领军征讨吐蕃，但二王违令不从。吐蕃继续其攻势，攻破剑南的临河镇，对唐陇右地区造成威胁。唐高宗派尚书左仆射刘仁轨为洮河镇守使，却无任何战功。

这年冬天，吐蕃赞普芒松芒赞感染天花病故，在前线督战的吐蕃大论赞聂多布为避免军民慌乱，匿丧不报。由于时间太久，引起了众臣的怀疑。唐仪凤二年（677年），噶氏家族的反对者在象雄发动叛乱，赞聂多布匆忙回师平叛。唐朝乘机策划了一场迅猛的军事反攻。先是在全国范围内颁行《令举猛士敕》文，历数了吐蕃攻城占地、烧杀掳掠的罪行，要求在关内、河东诸州，广泛甄选膂力强健、弓马娴熟的猛士。唐仪凤三年（678年），左金吾卫将军曹怀舜、金吾将军李知什，受命分赴河南、河北道，招募猛士，组建了一支劲旅，准备从河源出击吐蕃。但吐蕃内乱很快被平息了，唐朝没有察觉，以中书令李敬玄替代刘仁轨为洮河道行军大总管、河西镇抚大使、鄯州都督，工部尚书刘审礼为副贰，统军18万，由鄯州出击吐蕃。吐蕃仍派大将钦陵陈兵东线，严阵以待。《资治通鉴》记载，刘仁轨与李敬玄素有矛盾，而且刘仁轨深知李敬玄非大将之才。为了中伤李敬玄，刘仁轨有意奏请李取代自己的职务。唐廷没有注意到这些细节，不能知人善任，在对吐蕃斗争中再次遭受大败。

七月，战幕正式拉开。唐蕃先在龙支（今民和县古鄯）激战，吐蕃大败。刘审礼遂"领前军深入"到濠所（约今青海湖西南）一带。钦陵和赞婆突然麾军而至，倾众围攻，刘审礼苦战，无力突围。主将李敬玄怯懦畏战，聚众自保，"按兵不救"。刘审礼最终力竭援绝，被吐蕃俘获。李敬玄闻讯，仓皇撤退，被吐蕃军围困于承风岭（约在今湟中县上新庄镇与贵德县尕让乡交界处的拉脊山一带），"阻泥沟以自固"。吐蕃大将跋地设从高岗向下压攻，李敬玄束手无策。左领军员外将军黑齿常之见形势危急，便在黑夜率领500员敢死之士袭击跋地设大营。当时月黑风猛，敢死之士喊杀声震天，蕃军自相践踏，损失300多人。跋地设不知唐军虚实，弃军逃遁，李敬玄才得以率领残众退返鄯州。承风岭之战是唐朝继大非川战役后的又一次惨败，李敬玄所统精兵良将大都被吐蕃歼灭。李敬玄派遣郎将卫山向唐高宗汇报唐军败亡的情形，高宗在震怒之下，不予接见。但唐高宗非常欣赏黑齿常之的才干，赐金500两，绢500匹，并擢升他为左武卫将军兼检校左羽林军，充河源军（治今西宁）副使。

黑齿常之，字恒元，百济（在今韩国境内）人。其先世出自扶馀氏，"封于黑齿，子孙因以为氏焉"。黑齿常之是百济名将。唐高宗显庆五年（660年），唐朝派邢国公苏定方率兵平百济，唐军压境，百济不敌，常之率所部投降。但唐军纪律涣散，士卒烧杀抢掠，年轻力壮者多被杀害。黑齿常之目睹唐军种种杀戮情形后，十分愤怒，于是与左右酋长十余人回归本部。他集合了3万人，利用自己对地形的熟悉和出色的指挥才能，与数十万唐军周旋。常之多次击败唐军，先后收复200余城，几乎将全部百济领土从唐军手中解放出来。黑齿常之坚持战斗3年，后在唐军强大的攻势下，投降了唐将刘仁轨。刘仁轨命黑齿常之率领故众，攻拔了百济最后的一个据点，百济于是成了唐朝的辖地。常之深得百济人民的爱戴,也得到唐朝的信任,官职一路飙升,最后被授予左领军将军兼雄津都督府司马加浮阳郡开国公、食邑二千户。唐咸亨三年(672年),黑齿常之赴唐为官。在唐朝的几年,是黑齿常之展现其雄才大略的时期。他在西拒吐蕃、讨伐"逆臣"徐敬业、北击突厥中立下了赫赫战功。武周永昌元年(689年),黑齿常之被酷吏周兴罗织罪名诬冤致死,这是后话。

吐蕃在河源取得了胜利,但在西域遭到了惨败。仪凤三年(678年),吐蕃举行新主登基仪式,全国上下关注此事,对西域的防备有所松懈。调露元年(679年),唐故西州都督府长史、金山都护、安西大都护裴行俭乘机收复了西突厥两厢、十姓部落,从而使吐蕃噶氏家族的威信大受影响,吐蕃大臣鞠氏、若桑支借此开展了反对噶氏家族的活动。在此情形下,吐蕃又借文成公主名义,派遣大论塞调傍入唐告丧,并为新赞普请婚。同时加紧平息内乱。适逢漠南东突厥降部暴动,唐朝北边告急。唐廷拒绝了和亲,但派遣郎将宋敛吊唁吐蕃赞普的去世。在古道上奔忙的使者为唐蕃双方赢得了时间。噶氏家族从容地消除了内乱,清点了叛乱大臣的财产,把它们犒赏给党羽,巩固了自己的统治地位。唐朝也顺利地平息了叛乱,安定了北部边疆的秩序。随着双方国内局势趋于稳定，唐蕃间战事又起。

唐调露二年（680年）七月，吐蕃大将赞婆、素和贵等率领3万多兵力，进抵良非川（青海湖东北部，一说湟源西），将全面进攻河源军（今西宁）。李敬玄统兵迎战于湟川（今湟中县境），一战即败。又一次危急之中，黑齿常之率领精骑3000夜袭吐蕃大营，杀获2000余级，俘夺羊马数万匹。蕃军大败，赞婆单骑脱逃。战后，唐高宗擢拔黑齿常之为河源军经略大使，命李敬玄留守鄯州，作为黑齿常之后援。黑齿常之不仅骁勇，还有战略眼光，他认为河源军地处冲要，应当重兵戍守，方能阻止吐蕃东进。而驻军增多，必然要耗费大量粮食草料，从内地转运十分困难，最好是就地生产以自给。黑齿常之于是在湟水上游一带广置烽火台及营垒堡寨70余所，动员军队开垦农田5000余顷，耕植稼穑，一年收入粮食500余万石，有效地解决了驻军增多与口粮不足之间的矛盾，从而使河湟地区兵精粮足，再也不怕吐蕃的寇扰。湟水流域土地肥沃，适宜耕植。西汉赵充国开始举办屯田，东汉政府也很重视对此处的农业开发。但由于时局不稳，屯田断断续续，农业的发展一直比较缓慢。黑齿常之屯田是继两汉后规模较大的一次，在这次屯田的影响下，河湟地区的农业发展迅速，到天宝年间，包括河湟地区在内的陇右一带"闾阎相望,桑麻翳野",呈现出一派富足的景象。

唐开耀元年(681年),吐蕃将领赞婆率军再次入扰良非川,被黑齿常之击败。赞婆的败退不是黑齿常之单纯军事打击的原因。当时留守吐蕃本土的赞婆之兄赞聂多布又一次遭遇政治危机,因势单力孤,只得招回还在东线督师的赞婆。赞婆溃退时,常之率军追讨,俘获蕃军羊马、甲杖而还。由于攻守有备,黑齿常之驻军河源军7年,吐蕃始终不敢侵犯,从而有力地保护了边地的安全。

神龙盟约,再度和亲

唐蕃争战　赞普求亲

禄东赞死后,吐蕃政权掌握在他的几个儿子于里。噶尔家族本是苏毗豪族,代表了雅鲁藏布江北地区贵族的利益。该家族长期秉政,引起了吐蕃内部其他势力如雅砻、象雄等地贵族集团的不满,因而内部矛盾不断。噶氏家族为了巩固自己的政治地位,就把国内矛盾转嫁向外部,采用政治媾和和军事打击并用的手段,加强对唐朝的攻击。

唐永淳元年(682年),吐蕃入寇河源军,被河源军使娄师德阻于白水涧(今湟源药水峡),八战八败。娄师德初为监察御史,显庆中应猛士诏从军,跟随李敬玄征讨吐蕃。唐军失败后,奉命收集散亡的唐军，在他的努力下，唐军很快恢复了士气。高宗又让他出使吐蕃，与吐蕃大将赞婆在赤岭会面。娄师德向赞婆传达了唐高宗的旨意，分析了两国争斗的利弊。赞婆对他的见地很是佩服，自此有数年不来侵扰。唐高宗因此擢拔娄师德为殿中侍御史，充河源军使。这次击败吐蕃后，高宗又提拔他为比部员外郎，左骁卫郎将，河源军经略副使。

武后垂拱元年（685年），大论赞聂多布死，吐蕃大权落到其弟钦陵手中。钦陵初任大论时，吐蕃赞普墀都松赞年幼，军国大事都由他做主。这时的唐朝由武氏家族秉持国政，并改元武周。这一时期，两国在河源的争夺趋于平寂。但在西域，对安西四镇、西突厥十姓部族的争夺空前激烈。自唐太宗于贞观十三年（639年）征服高昌（今新疆吐鲁番）以来，河西、陇右和西域四镇就成了唐朝通往西域诸国的通道。处于盛世时期的唐朝对外贸易甚为发达，在航海业还不能制服风暴灾害、做到游刃有余的情况下，陆路交通成了唐朝对外贸易的主要渠道，而号称"丝绸之路"的南北两条干线都要经过安西四镇。因此，安西四镇对唐朝而言至关重要。吐蕃取得吐谷浑故地后，与唐朝直接为邻。在中原文化的影响下，商业经济冲破了原先以农牧经济为主的经济体系。因此，争夺西域四镇乃至古老的丝绸之路，切断唐朝对外贸易的经济通道，取代唐朝在西域的霸主地位就成了吐蕃继续扩大其生存空间的必要举措。在争斗中唐朝最终失败，再次放弃了对安西四镇的统治权。

吐蕃王朝重用噶尔家族后，在政权建设方面取得了很大的进步。起先，噶尔家族很谨慎地执行了符合时代潮流的唐蕃和好政策，使吐蕃社会生产发展，人民安居乐业。后来，改行武力扩张政策，北据吐谷浑，东侵唐朝，西扰四镇，国力日益强盛，至唐仪凤年间，吐蕃"地方万余里，自汉、魏以来，西戎之盛，未之有也"。但连年战争招致了人民的不满和反抗，国内矛盾重重。被吐蕃征服的诸属部虽慑于军威，表示降顺，但内心总想脱离吐蕃控制，规复旧制。吐蕃曾效法唐朝的和亲政策，与诸属部联姻，以巩固政治联盟，但收效甚微，仍不时有吐谷浑、党项等部族拥众归唐。这使得噶尔家族必须分出一支兵力驻守今青海地区威慑部众。最为严重的是，噶氏家族专国数朝，尤其是钦陵兄弟久据权柄，位高权重，凌驾于其他吐蕃贵族之上，招致了这些人的怨愤。噶氏子弟驻守今青海期间，控制了唐蕃古道。他们任意拘禁唐使、蕃使，影响了唐蕃之间的正常交流，导致了其家族与赞普之间的矛盾。随着新任赞普墀都松赞年事渐长，对噶氏专政日生戒心，开始与近臣密谋罢黜钦陵。墀都松赞是一代枭雄，据史书记载，此人"年虽幼冲"，即有"刀砍野猪""脚绊扣拴野牛""抓捏虎耳"的举动。及至年长，"武艺精湛""深沉谋虑""圣明远超他人"。武后天授元年（690年），墀都松赞委任亲信垒达延与钦陵共同主盟。天授二年（691年），赞普收权归己，亲自主持会盟。定期会盟是吐蕃重要的政治制度，自从松赞干布去世后，历次盟会都由噶尔家族成员主持。这次盟会改由赞普主持，反映了噶尔家族的权威已有松动。

唐长寿元年（692年），唐朝派武威道行军大总管王孝杰打败了附属吐蕃的西突厥阿史那俀子和钦陵，"一举而取四镇，还先帝旧封"，重新加强了在西域的统治。唐延载元年（694年），吐蕃与阿史那俀子再次联兵犯唐，又被王孝杰挫败。天册万岁元年（695年），墀都松赞加强了君权，找罪名擒杀了噶尔家族重要成员之一的赞辗恭顿。钦陵害怕祸及自身，想再建战功，以保全性命，于是倾众向唐进攻。吐蕃从河源出击，进攻洮州。唐朝以王孝杰为肃边道行军大总管，娄师德为副总管，统兵相拒。《敦煌本吐蕃历史文书》记载说，在这次战争打响前，王孝杰对钦陵有过一次规劝，曾致书钦陵，附赠以粟米、蔓菁籽各一袋，书信说："吐蕃之军旅如虎成群，如牦牛列队，所记之数吾亦相当。谚云：量颅缝帽，量足缝靴……天降霹雳，轰击岩石，岩石再大岂能相比？"劝他不要再不自量力，进攻唐边了。但钦陵回信说："小鸟虽众，为鹰隼之食物；游鱼虽多，为一水獭之食物……你们之军旅实如湖上之蝇群，为数虽多，不便于指挥，与山头云烟相似，对于人无足轻重也。吾之军丁岂不是犹如一把镰刀割刈众草乎……"十分狂妄，不把唐军放在眼里。万岁通天元年（696年），双方在素罗汗山（今甘肃临洮一带）交战。"王孝杰越境前来，吐蕃元帅论钦陵以战谋驱唐人如驱宰牦牛"，杀十万余众。据说达拉山、马水等地方被称作"汉墓"的地名就是由此而得的。战后，王孝杰、娄师德双双被贬黜。钦陵气焰更加嚣张，乘势统兵寇逼凉州，俘获了都督许钦明。这是唐蕃之间第二次大规模的战争，唐军元气大伤，吐蕃威震西鄙。钦陵因此功高盖主，墀都松赞有意裁抑他的势力，不支持再战。于是派使者到唐都长安，要求和谈并为自己请婚。唐朝派遣右武卫铠曹参军郭元振报聘吐蕃牙庭。

谈判中，钦陵提出罢兵的条件是唐朝罢废四镇、放弃突厥十姓。郭元振则要求吐蕃交还吐谷浑故地。由于钦陵的坚持，谈判迟迟没有结果，导致了吐蕃内部各种矛盾滋长并加深。长期沉重的战争负担，使吐蕃百姓"疲于徭戍，早愿和亲"，被征服和兼并的其他部族不堪忍受无休止的征调役使，纷纷谋求脱离控制。墀都松赞也希望息兵休养,缓和社会矛盾。圣历二年(699年),赞普墀都松赞与大臣论岩捕杀钦陵党羽2000余人。钦陵兄弟举兵抗命,墀都松赞出兵讨伐,钦陵兵败自刎,其弟赞婆、其子弓仁先后率所部降唐,他们及其后裔在唐朝做到很高的官。

噶尔家族被剪除后,墀都松赞加强了与唐朝的联系,多次派遣使者,为自己求亲。在郭元振的斡旋下,武则天同意许婚,但出嫁哪位公主没有决定。这样一来,唐蕃间的争斗趋于缓解,双方的关系进入了化干戈为玉帛的阶段。通和使者成了这一阶段唐蕃古道上往来的主要人群。

金城公主　逻些成婚

墀都松赞亲政以后,吐蕃不再坚持唐朝放弃突厥十姓、罢废安西四镇的要求,唐蕃之间的谈判取得了进展,吐蕃的请婚也得到武后的允诺。这一时期,吐蕃频频派遣使臣到唐朝请和,双方关系大为缓和。唐长安四年(704年),墀都松赞在平定南诏叛乱时战死。年幼的赤德祖赞继承王位,由其祖母高太后墀玛类监国主政。墀玛类出身江北豪门没庐氏,为人精明强干。墀玛类虽暂时稳定了王室的统治,但噶尔家族被灭后,吐蕃国势耗竭，无力大举犯唐，而南征又未能取得成功。因此，就有了同唐结盟，然后全力攻略南诏，以巩固在南诏的军事占领的要求。墀玛类监国的时期正值唐中宗、睿宗执政时期。唐中宗李显是高宗李治的第七子，他本在弘道元年（683年）依法继承了王位。但为武后废黜，一直被幽居宫中。神龙元年（705年），武后病重，太平公主串联相王李旦、李隆基父子及大臣张柬之发动政变，迫武后退位，还政于中宗，恢复了唐朝国号。中宗时期，唐朝面临的主要威胁来自北方的后突厥汗国，因此唐朝也一直想跟吐蕃结盟，稳固后方，以便全力北进。出于各自的利益权衡，唐蕃双方开始了结好的行动。

唐神龙元年（705年）七月，墀都松赞的死讯传至长安。神龙二年，中宗委派仆射立卢钦望、魏元忠等与吐蕃宰相等划界定盟，达成了初步的政治和解，再次掀开了两国和好的序幕。这次盟会被称为"神龙会盟"。神龙三年（707年）三月，吐蕃赞普赤德祖赞遣大臣悉董热贡献方物，并为自己请婚。四月，中宗下诏以金城公主往嫁赞普。在松赞干布之后，吐蕃历代赞普曾向唐朝求婚，有时求婚尚无结果，赞普即去世；有时唐朝已经应允，但不久赞普却告身亡，总之，都未能顺利完成。可能这就是在金城公主出嫁上有多种荒诞说法的客观原因。

金城公主虽是金枝玉叶，但她的童年历经坎坷。其曾祖父母为李治和武则天，祖父是李贤，叔祖父为李显、李旦。李贤、李显、李旦兄弟三人都曾受武则天的无端罪责，被贬流京外。武周代唐后，李贤被迫自杀。李贤的第二个儿子宗礼，因父获罪，与李旦及其诸子被禁闭于宫室之内，不得出入庭院有十余年。圣历元年（698年），李旦被封为相王，其子5人都被封郡王，宗礼才得以与李旦父子一起居于京城之外。武则天去世后，宗礼携女挈子返回长安。中宗李显即位后，恢复宗礼故封，不久又进封他为雍王。宗礼私生活荒淫糜烂，生有子女60人，其中金城公主最受中宗喜爱，自幼迎养宫中，视同己出。神龙二年（706年），中宗封太平、长宁、安乐、宜城、新都、定安、金城为公主。

唐朝出嫁皇室千金，吐蕃感到非常荣幸，派出了庞大的迎亲使团。起先派遣舍人名悉腊迎娶公主。唐景龙二年（708年）又派遣瑟瑟告身（告身是吐蕃官员的章饰，分为瑟瑟、金、金涂银、银、铜、铁6种，钉在方圆3寸的粗毛布上，缝缀在臂前以辨高低贵贱。瑟瑟，一说为珊瑚，一说为琥珀）赞咄、金告身钦藏迎娶公主，中宗在承天门楼宴请蕃使。景龙三年（709年），吐蕃又派遣尚藏到长安。四年，吐蕃再次遣使迎亲。于是，唐朝颁诏嫁女，诏书说明了唐蕃再次和亲的缘由、意义及对和亲的期望，表明了唐朝对这次和亲的高度重视。唐廷在始平（今陕西兴平）县修筑馆舍，中宗还亲自到始平，为金城公主入蕃设宴饯行。在饯行宴会上，中宗"悲泣歔欷"良久，难舍难离。中宗谆谆嘱咐吐蕃迎亲使臣，要他们转告吐蕃君臣，善体皇上把年幼公主远嫁吐蕃、忍痛割爱的良苦用心。他还命群臣作诗词送别，当时有大臣张说、阎朝隐等18人即席赋诗，诗句有"帝女出天津，和戎转鬭轮"、"旋知偃兵革，长是汉家亲"、"戎王子婿礼，汉国舅家亲"等，热情地歌颂了唐廷出嫁公主，加强汉藏和好，巩固唐蕃甥舅关系的事功，这些诗文大都保存在《全唐诗》中。事后，中宗下诏改始平县为金城县，当地叫凤池乡怆别里。同时又诏令赦免始平县犯人，并蠲免当地百姓一年赋税，以作送嫁公主的纪念。

金城公主入藏时，"帝念主幼，赠锦缯数万，杂技诸工悉从"。因为金城公主喜好龟兹乐，中宗还特地送给一个龟兹乐队。据说当时一并传入拉萨的还有唐朝三大乐舞之一的《秦王破阵乐》，至今拉萨还留存有不少唐朝的乐器。唐朝对护送大使的选定也颇费周折，最终确定为左骁卫大将军、河源军使杨矩。金城公主从长安出发，于始平饯别，经今临洮到西宁，由西宁经石堡城（今湟源大、小方台）至赤岭。往西进入吐蕃地区。当途经原属吐谷浑国土（此时归吐蕃）时，早先嫁给原吐谷浑王的吐蕃公主墀邦带领其子莫何吐谷浑可汗、吐谷浑大尚论等宫廷位阶崇高之人，会见了金城公主。双方致礼，并举行盛宴，互献了各种礼品。之后，金城公主入藏。所行路线与文成公主时基本一致。

唐朝把金城公主许嫁给赤德祖赞，墀玛类非常感激。她曾遣使勃禄星酬谢中宗、安国相王李旦、太平公主等人。公主入藏后，赤德祖赞仿效其先祖松赞干布故事，也另外构筑一小城让金城公主入居。今天在西藏山南东乃县的颇章村，人们还可以看到一座为金城公主兴建的傍塘宫遗址，静静地矗立在夕阳里，为人们讲述着这次和亲故事。

唐蕃交恶　赤岭树碑

赤德祖赞和金城公主的和亲只是巩固两国关系的政治仪式，随着唐中宗和墀玛类的去世，和亲带来的和平关系即告破裂。金城公主出嫁后不久，中宗即被毒杀，睿宗李旦即位，改元景云。这一时期，唐蕃在剑南、西域屡生冲突，吐蕃以此为借口，指责唐朝违背了神龙盟约，要求做出相应的领土赔偿。吐蕃利诱鄯州都督杨矩，以给金城公主汤沐地的名义，奏请唐朝割让河西九曲之地给吐蕃。睿宗答应了奏请，吐蕃军队遂在九曲之地留驻。九曲即今青海黄南、海南藏族自治州的大部分地方，这里"地肥良，堪顿兵畜牧，又与唐境邻接"。吐蕃在当地置独山、九曲等军，并在黄河上架桥，之后频频入寇。睿宗太极元年（712年），墀玛类驾崩，年仅九岁的赤德祖赞开始亲政，由主战派强硬人物坌达延与大相乞力徐共同辅政。

吐蕃新取得的河曲之地不在神龙界约中。为使唐朝承认自己占领九曲之地的合法性，吐蕃提出了修改神龙盟约的要求，唐朝不予答应。唐玄宗先天元年（712年），吐蕃数次遣使，要求重写盟约。唐开元元年（713年），吐蕃以金城公主名义，将墀玛类的死讯通知了唐廷。玄宗命宗正卿李敬宗持节赴吐蕃参加会葬仪式。同年十二月，吐蕃又遣使求和。开元二年（714年）五月，吐蕃大相坌达延在唐蕃边境屯集兵马，并致书唐宰相，敦请唐朝"定境于河源"，"正二国封疆，然后结盟"。六月，吐蕃派名悉腊到长安敦促。唐朝答应了吐蕃会勘边界的请求，派左散骑常侍解琬奔赴河源。谈判中，吐蕃一再施加压力，要求修改神龙界约，解琬据约严拒，会盟破裂。七月，坌达延领兵10万人入寇临洮、兰州、渭州，大肆杀掠。唐朝被迫全力对付吐蕃。八月，玄宗颁诏"大募壮勇士从军"，任命名将薛仁贵之子薛讷为陇右防御使，抵御吐蕃。唐军在大来谷口、武街谷、长城堡三败吐蕃，迫其退守洮河以西之地。十月，唐廷诏令河西、陇右各地清理战场，要求所在州、县掩埋蕃军尸骸，并遣使慰安金城公主。吐蕃也派大臣宗俄因矛请和，因使臣态度傲慢，玄宗没有答应。十二月，唐朝置陇右节度使于鄯州，以陇右防御副使郭知运为陇右节度大使，领秦、河、渭、鄯、兰、临、成、洮、岷、廓、叠、宕12州，全面加强了陇右地区的防御。

开元三年（715年）后，吐蕃在西域、松州挑起事端，均被唐军击溃，迫使其放弃了与唐为敌的策略。开元四年（716年）八月，吐蕃以金城公主的名义遣使向唐朝贡献方物，玄宗厚礼赏赐。开元五年（717年），吐蕃又以金城公主名义致书玄宗，要求和谈，玄宗未作答复。之后不久，吐蕃在西域、河西侵唐，均被唐朝挫败。吐蕃无计可施，再次派名悉腊到长安谈判，力求重新盟誓划界。由于双方意见分歧，谈判没有结果。开元七年（719年），吐蕃又遣使要求重新盟誓，唐朝仍不许诺。开元八年（720年），吐蕃进犯陇右、勃律，最终又被唐军击败。

开元十年（722年），唐蕃双方调整边疆人事。唐朝以王君㚟出任陇右节度使、鄯州都督，吐蕃以主战派人物芒相达策为大论，达扎孔类主兵事。开元十四年（726年），蕃军从黄河源地区进攻甘州（治今甘肃张掖），甘州驻军坚守不出，吐蕃军心疲惫。适逢天降大雪，蕃军冻馁而死者不计其数，只好取道积石军西路撤回。王君㚟统兵从后掩袭，他先派人提前潜入蕃境，在蕃军归路上纵火焚烧。蕃军退至大非川，将士解甲休息，但牧草全被烧尽，战马饿死过半。王君㚟追至青海湖西侧。当时，蕃将达扎孔类已过了大非山，但辎重及疲兵还在青海湖旁缓慢前行。时至隆冬，湖面冰封，将士从冰面上通过。王君㚟纵兵攻击，俘虏吐蕃全军而还。开元十五年（727年），达扎孔类晋升为大论，在河西发动猛攻，唐军损失惨重。开元十六年（728年），唐朝派萧嵩以兵部尚书衔主持河西军务。萧嵩任后，甄选守吏，整饬军旅，防务有了起色。七月，唐鄯州都督张志亮于渴波谷大败蕃军，并深入九曲，攻破了大漠门城，烧毁骆驼桥，吐蕃举国震惊。八月，金吾将军杜宾客于祁连城大败吐蕃，俘大将1人，斩首5000余级。为了策应陇右、河西的战局，唐朝还在西域痛击吐蕃。吐蕃在军事上接连失利，又派使者请和。开元十七年（729年），唐蕃间争战又起，瓜州刺史张守珪、沙州刺史贾思顺统兵攻破吐蕃大同军，朔方节度使、信安郡王李祎攻夺了石堡城，改名为振武军，派军驻守，"拓境千余里"，给吐蕃在军事上造成很大的被动。

自唐景云元年（710年）到开元十七年（729年），唐蕃之间战和不休。经过了30年的争斗，双方均力疲财竭，于是又恢复谈判。开元十八年（730年），吐蕃赞普赤德祖赞致书信给唐玄宗，要求议和。玄宗对吐蕃赞普平素上书悖慢心存芥蒂，不愿与吐蕃和解。大臣皇甫惟明上奏说明通和的好处，劝说道："开元之初，赞普幼稚"，"两国交恶必是边将好大喜功者为之"，又说："两国交恶，百姓疲惫，不如遣使通好，平息纷争。"玄宗被说服，同意了吐蕃的请求。不久，唐朝派皇甫惟明及中人张元芳往聘。赤德祖赞得知玄宗愿意通和的消息，非常高兴。就派名悉腊随唐使入朝，并上书玄宗，信中称玄宗为"舅亲"，并全面回顾了唐蕃冲突的原因，说唐蕃冲突是双方边将好事者引起来的，提出了"请固好和之约"的要求，言辞恳切。附书还进献了奇珍。玄宗也遣御史大夫崔琳回访，答应恢复边界谈判。金城公主又"请《毛诗》《礼记》《左传》各一部"，唐朝均给予满足，同时遣内侍张元芳至蕃廷"致礼"。

开元二十一年（733年），吐蕃请"交马于赤岭（今青海日月山），互市于甘松岭（今四川松潘）"。宰相裴光庭认为"甘松中国阻，不如许赤岭"。唐廷采纳了裴光庭的建议，在赤岭设立互市。唐蕃在赤岭的互市属于边地互市，早在西汉时期，汉朝就同匈奴在边境地区设立市场通商贸易。南北朝以来，边地互市贸易发展迅速，逐渐成为边疆少数民族与内地进行贸易交往的一种重要方式。隋朝时政府成立了专门管理边地互市的机构市交监，边地互市逐渐趋于规范。今青海地区最早的边地互市是隋朝时与吐谷浑在承风戍（约在今湟中县上新庄镇与贵德县尕让乡交界的拉脊山一带）设立的。唐时沿袭了隋朝制度，在边疆地区广泛地设立互市。边地互市满足了贸易双方的需要，推动了当时经济社会的发展。同年，吐蕃以金城公主名义遣使，要求在赤岭树碑，以定两国边界。玄宗应允，令金吾将军李佺与蕃使共监赤岭树碑，相约"舅甥修其旧好，同为一家"，并诏令张守珪、李行祎与吐蕃使者莽布支分谕两国边境各地说："两国和好，无相侵暴。"唐蕃赤岭树碑分界后，双方频频遣使，互献礼物，在政治上达成了暂时的和平。

盟约破裂，争端又起

白水扼守唐蕃道

赤岭分界是唐蕃从各自利益出发，在政治上做出的暂时性妥协的结果，唐朝始终没有承认吐蕃对九曲之地占有的合法性，吐蕃也没有放弃它的扩张政策，双方的边界纠纷没有得到彻底解决，所以通和没能持续太长的时间。开元二十四年（736年），吐蕃不理玄宗警告，执意攻破了小勃律（今克什米尔吉尔吉特）。小勃律是唐朝经略西域的要塞，是唐朝的西大门，"失之，则西方诸国皆堕吐蕃"，"贡献不入"，极大地损害了唐朝的利益。为此，唐朝开始从东线青海一带对吐蕃发动了进攻，又一次揭开了开元末到天宝年间双方大规模争战的序幕。其时，适逢河西节度使崔希逸派傔人孙诲入朝奏事。孙诲对玄宗说："吐蕃无备，若发兵击之，必克捷。"孙诲的怂恿很合玄宗心思，他立即派遣内给事赵惠琮与孙诲观察唐蕃边境形势。惠琮等到了凉州（治今甘肃武威），"矫诏令希逸击之"。崔希逸从凉州南出发，率军进入吐蕃界2000余里，到青海湖西，与蕃军遭遇，斩首2000余级。吐蕃遣使赴唐紧急交涉，但无结果，因此"复绝朝贡"。

开元二十六年（738年）三月，吐蕃入寇河西，被唐军击败。玄宗颁诏讨伐吐蕃，并高悬赏格，说："节度将士以下，有能斩获吐蕃赞普者，封异姓王；斩获大将军者，授大将军；获次以下者，节级授将军、中郎将，不限自身官资，一例酬赏。"在人事上，玄宗也做了调整，以岐州刺史萧炅为河西节度使，鄯州都督杜希望为陇右节度使，太仆卿王昱为益州长史、剑南道节度使，分道经略，征讨吐蕃。唐朝捣毁了树立不久的赤岭界碑，战火在河西、陇右、剑南三道同时烧起。

四月，杜希望攻破吐蕃新城（在今门源县金巴台古城），改设威戎军。七月，杜希望又夺取吐蕃河厉桥，在河左置镇西军。但王昱在剑南一败涂地。开元二十七年（739年）正月，唐朝颁诏加强陇右防务，要求陇右节度使荣王李琬亲自到陇右"巡按处置"。唐朝沿用了开元十五年始行的防秋制度，每年秋天从关内调集大批精壮兵力赴陇右防守，防止吐蕃掳掠秋收，至秋末撤回。七月，吐蕃攻白水（在今湟源县城东）、安人（在今海晏县三角城镇一带，一说在今大通县境）等军，兵败而回。

开元二十八年（740年）十一月，金城公主去世，吐蕃遣使告哀，并请和，玄宗在光顺门外发丧，废朝三日。金城公主逝世后，唐蕃两国的和亲纽带彻底断裂。这一时期，古道上络绎不绝的几乎都是军队。开元二十九年（741年），吐蕃集众40万，攻承风堡，至河源军（在今西宁），西至长宁桥、安人军。吐蕃又袭廓州（治今青海化隆县），大肆杀戮，接着攻石堡城，节度使盖嘉运无力防守。于是，这一要塞又沦于吐蕃之手。

天宝年间，唐蕃之间的战争更趋激烈。天宝元年（742年），唐廷整饬全国兵防，置十节度、经略使以防御边庭。其中陇右节度使统临洮军（初在甘肃临洮，开元十七年移至乐都）、河源军、白水军、安人军、振威军（在当今同仁县保安乡保安村）、威戎军（在今门源县境）、漠门军（在今甘肃临潭）、宁塞军（在今化隆群科）、积石军（今贵德河阴）、镇西军（在今甘肃临夏市）10军及绥和（当今贵德县尕让乡千户一带）、合川（当今化隆县甘都堂一带）、平夷（当今甘肃临夏）3守捉，屯兵于鄯、廓、洮、河之境，主要防御吐蕃入寇。陇右节度使是陇右地区的重要防戍区，郭知运之后，任节度大使的还有王君㚟、张忠亮、萧嵩、盖嘉运、皇甫惟明、王忠嗣、哥舒翰、王思礼等。陇右节度使衙署设在鄯州（治今青海乐都），管兵75000人，马10600匹，其驻军总数在全国10个节度使中位列第二，仅次于范阳节度使。陇右节度使和驻镇凉州的河西节度使常常相互兼领，两镇兵力得以相互协济，以抵御吐蕃的进犯。在陇右十军和三守捉中，临洮、河源、白水、安人军及绥和守捉正处在唐蕃古道上，其中白水军是唐朝扼守唐蕃古道的一个重要据点。

白水军设在湟源县城东2里的湟源峡（南北朝时叫绥戎峡、戎峡，今又叫东峡）西端，南凉曾在此建绥戎城。开元五年（717

白水军遗址

年），郭知运在南凉绥戎城基础上设立白水军，管兵4000人，是唐朝湟水上游最大的军事基地，它的规模在陇右13个军（守捉）中排列第五，在湟水流域诸军（守捉）中派列第三，仅次于临洮军（统军15000人）、河源军（统军14000人），是鄯城西部一大防守屏障，也是唐军向青海湖进攻时的前沿基地。白水军因白水（即药水，又叫察罕素水。察罕素是位于湟源县城西南约15里的一个小村庄，察罕素是蒙古语，也叫察汗乌苏，意思是白色的水）流经其地而得名。白水军在唐朝作为扼守唐蕃古道的重要据点，立下了赫赫战功，唐朝以后就衰落了。今天到湟源县城郊乡光华村，在当地人称为二架梁的山梁上，还可以看到3个高大雄浑的瞭望台和台下面残破的城址，这就是当年的白水军。瞭望台夯筑而成，夯层内夹有圆形穿木。瞭望台高19米，底径15米，顶径11米，是白水军的制高点，站在瞭望台上，湟水与药水交汇的三角地带尽收眼底。白水军将湟源峡西端出入口封死，形成了一道坚固的屏障。今天的白水军城颓壁残垣，城内被当地人开辟成梯田，盛夏时节，麦苗青青，丝毫没有当年金戈铁马的气氛。只有那几座还算完整的瞭望台，在无声地向人们诉说着这里曾经是兵刃相交的战场。

兵戈扰攘青海旁

唐天宝元年（742年），吐蕃军进犯唐河源军，唐陇右节度使皇甫惟明统兵相拒，破吐蕃大岭、青海等军，斩获甚多。与此同时，河西节度使王倕（chuí）率军深入吐蕃境，破鱼海军（治当今青海湖北海晏尕海古城），斩大使剑具，生擒其副使金字告身论悉诺迎、弃军大使节度悉诺谷等。又破游弈（治当今青海湖北刚察县吉尔孟乡北向阳古城）等军，而剑南道也频传捷报。吐蕃集兵20万攻定戎城（今湟源县境），为唐军所败，大将莽布支被斩。吐蕃接连失败，威信大降，属部纷纷弃蕃降唐。在唐蕃古道一带相互对峙的地方，唐蕃双方的军事实力对比发生了变化，唐朝开始居于战略主动地位。

唐天宝五载（746年），唐廷以王忠嗣为河西、陇右节度使，兼知朔方、河东节度使。王忠嗣从朔方、河东调集战马9000匹，充实陇右驻军，唐蕃古道沿线唐军士卒的战斗力因此得到很大提高。王忠嗣为人持重，能体恤士兵，不肯轻易用兵。因此，在他任陇右、河西节度使期间，唐蕃边境相对安宁。

唐天宝六载（747年），唐朝统一布置了全面对吐蕃反攻的计划，兵分两路，以安西兵攻勃律，以陇右兵攻石堡城。吐蕃自开元二十六年（738年）征服小勃律后，仿效唐朝和亲故事，以其公主下嫁小勃律王子。自此，西域二十余国都为吐蕃所控制。唐朝大将田仁琬、盖嘉运、夫蒙灵詧等曾多次率军征讨小勃律，都无功而返。天宝六载，安西节度使夫蒙灵詧攻破勃律城，置三千人戍守。这次胜利使唐朝再次扬名西域。同年，王忠嗣擢拔部将哥舒翰为大斗军（驻今甘肃永昌县西南扁都口）副使。十一月，哥舒翰被擢为陇右节度使。

唐天宝七载（748年），唐蕃双方继续在河源地区展开激烈争夺。为了扼断吐蕃北进道路，哥舒翰先在青海湖边置神威城，被吐蕃攻破。不久，哥舒翰又在青海湖龙驹岛上筑了一座城，据说筑城时有白龙出现，故冠名"应龙城"。哥舒翰见该地草原肥沃，适宜畜牧，就发配2000名罪人戍守。龙驹岛即海心山，《北史·吐谷浑传》说："青海周围千余里，海内有小山，每逢冰合后，以良牝马置此山，至来春收之，皆有孕，所生得驹号为龙种，必多骏异。吐谷浑尝得波斯草马，放入海，因生龙驹，能日行千里，世传青海骢者也。"这大概就是把海心山叫作龙驹岛的由来。由于海心山孤悬海中，地甚逼窄（该岛长2.3千米，宽0.8千米，方圆不过2平方千米），《丹噶尔厅志》认为"其上仅容羊四十，供三四人终岁之食"。加之海心山距北岸20千米，距南岸15千米，食水供应极为困难，因此近代以来一些学者都认为海心山上没有筑城的条件，应龙城当在青海湖区别的地方。如近代人靳玄生认为真正的应龙城应该在青海湖北滨，该城"大与察汗城等（即周围二里许），城东有沙山，藏名些麻拉洞。山的一部分伸入海中，城西有大沙带一道，亦伸入海中，俗名海耳子，城东北隔拉拉达坂山，与湟源县接壤。该处山环水抱，宛如一半岛，周围土地极其平旷。"事实上，海心山上确曾修筑过城堡。1987年，青海省文物管理处、青海省文物考古研究所、青海省海南州文化局联合组成的文物普查小组在海心山的东北部发现了明显的古城遗址。城呈梯形，长210米，宽

石堡城遗址

65～137米。城东北、东南、西北三面临悬崖峭壁，西南面与岛相接，西南城墙正中开一城门。东南、西南、西北各有四座马面，东北有两座马面。城墙残高3～5米，基高8米，夯土层高10～12厘米。城内有几处隆起的地势，应是当年建筑遗迹。城内可不时捡拾到一些唐代的陶片、瓦片等遗物。这应当就是哥舒翰筑的应龙城了。天宝八载（749年）冬天，青海湖湖水结冰，吐蕃集众来攻，2000戍卒全部阵亡。

环湖地区有不少青海湖形成的传说。其中一则说，古时候的青海湖盆地是一片广阔的大草原，这里有上万户牧民从事畜牧。一天，草原上一眼泉水涌出，将这块草原上的万户人家淹没。莲花生大师看到此情形后，抓起印度一座山头来将泉眼压住，这个山头叫"措娘玛哈岱哇"，意思是海心天神，就是今天的海心山。这显然是佛教传入当地后才有的传说。事实上，青海湖是由于大陆板块地质活动形成的。它原先是个外流湖，大约在距今13万年前时，湖东部的日月山随着青藏高原的隆起而抬高，堵塞了湖水东流的渠道，外流湖因此变成了内陆湖。由于蒸发量的增大，湖水慢慢变咸，最终成了高原内陆咸水湖。青海湖古称仙海、鲜水、咸海、卑禾羌海等。汉时称西海，北魏时称青海。蒙古语把青海湖叫"库库诺尔"，藏语叫"措温布"，意思都是"青色的湖"。青海湖风景诱人，深蓝色的湖水掩映在碧绿的草原上，活像是点缀在绿毯子上的一颗宝石。青海湖还是鸟的天堂，鱼的乐园。

青海湖周围有不少古城遗址。汉代修建的古城有位于海北州海晏县的西海郡城、海晏县甘子河乡尕海村的尕海古城、刚察县吉尔孟乡的北向阳古城和南向阳古城、刚察县境环湖公路114公里处亭城等。南北朝时期，吐谷浑曾在今海南州共和县石乃亥草原上修建了伏俟城。到了唐朝，青海湖的地位更加重要。青海湖处在唐蕃古道沿线，且水草肥美，是吐谷浑故地。吐蕃占领青海湖周围以后，常以此为战略根据地，征集大量的战略物资和兵力，发动对唐朝的军事攻击。唐朝也动辄大举进攻这里，希图给吐蕃毁灭性的打击。唐蕃双方在青海湖周围修筑过很多军事据点，围绕这些军事据点，双方发生过多次战事，留下了不少遗物、遗址和故事。杜甫诗句："君不见，青海头，古来白骨无人收"，就是对战争带来的悲惨景象的描述。天宝十载（751年），唐玄宗首次封给青海湖"广润王"的称号，并开始致祭。历宋元明清，祭祀活动延续不绝，直至民国三十八年（1949年）才终止。其中清朝的祭海活动极有特色，由青海办事大臣、西宁镇总兵会同蒙古各旗王公在扎藏寺（后改在东科尔寺）进行。

环湖地区的群众也有对青海湖祭祀的传统,祭祀仪式多样,态度虔诚。新中国成立后,曾在青海湖进行过鱼雷发射实验,今天的151就是当时用以鱼雷发射实验的基地。现在的青海湖增添了更多的景点,还有环青海湖国际公路自行车赛等在此举行。古老的青海湖旧貌换了新颜,变得越来越迷人。

西屠石堡取紫袍

天宝年间,哥舒翰在青海立了很多战功。天宝七载(748年),哥舒翰在积石军与吐蕃激战,俘获吐谷浑王子悉弄慕及其女婿悉类藏。天宝八载(749年)六月,唐玄宗下令哥舒翰领河东、

料瓣台遗址

河西、灵武驻兵及突厥阿布思部，合兵士63000人，攻打位于唐蕃古道上的石堡城（今湟源县大、小方台），务求必克。

石堡城又叫铁刃城，开元五年（717年）为吐蕃所置。当时，唐朝在湟源峡西端置白水军后，吐蕃认为白水与赤岭之间应该是空闲地带，唐蕃双方都不应该设置军政建置。既然唐先行修筑了白水军，吐蕃自然也有理由筑城，于是选择唐蕃古道上这个险峻的形胜要地修建了石堡城。石堡城并非传统意义上的城池，它没有城墙，而是由与石山连为一体的两个方台构成。两个方台一南一北，南面的叫大方台，北面的叫小方台。大方台的南、西、北三面均是犹如刀削的悬崖峭壁；小方台的东、西面也是陡坡，很难攀登。人到台上去，只有东边一条羊肠小道可通。石堡城就设在这两个方台上，史书说该城"三面险绝，惟一径可上"，峥嵘险峻。大小方台地方褊狭，无法大量驻军。唐蕃双方遂以石堡城为中心，在其周围设置了若干个相呼应的防御据点。主要有与大小方台隔药水相望的北京台（今若约古城）、位于大小方台南约3公里处的料瓣台、位于料瓣台南约2公里处的野牛山山腰的古营盘城以及日月山的隘口等。唐蕃之间有关石堡城的战役，多在以大小方台为中心，包括其周围所有军事据点在内的广阔范围内进行。

唐蕃对石堡城的争夺由来已久。早在开元十七年（729年），唐蕃就围绕石堡城进行了激烈的争战。吐蕃设铁刃城后，以此为据点，多次侵扰陇右地区，百姓不得安宁。玄宗命时任朔方节度使的信安王李祎联同河西、陇右节度使攻取石堡城。诸将官都认为石堡城险远，又是重要的军事据点，吐蕃一定会全力以赴地防守。唐军孤军深入，如果攻取不能成功，就会进退失据，带来很大的被动。他们建议李祎"按军持重，以观形势"。但李祎认为做臣下的要替主分忧不能害怕艰险，即便"众寡不敌"，也要"以死继之"。于是率领军队倍道兼程，"并力攻之"，夺取了石堡城。李祎在此分兵据守，掐断了吐蕃前进的道路。玄宗听到这个消息，非常高兴，下令把石堡城改名叫振武军。石堡城失守对吐蕃造成了很大的威胁，因此他们处心积虑地想夺回。开元二十九年（741年），吐蕃派大兵攻打石堡城。当时戍守陇右的将领是河西、陇右节度使盖嘉运。盖嘉运不及防守，石堡城很快为吐蕃攻破。天宝四载（745年），唐朝派皇甫惟明攻打石堡城，没有成功。六载，唐玄宗又让节度使王忠嗣攻取石堡城。王忠嗣上书说，石堡城险固，且吐蕃重兵把守，若要攻取，必将付出牺牲数万人性命的代价，得不偿失。不如厉兵秣马，伺机夺取。玄宗听了很不高兴。当时有个叫董延光的将领，一心想建功立业。他对玄宗说，自己愿意率兵夺回石堡城。唐玄宗就命令王忠嗣协助，王忠嗣接受了命令，但在行动上虚与委蛇，不积极配合，董延光非常恼火。后来董延光未能如期攻取石堡城，就把罪责推卸到王忠嗣头上，玄宗把王忠嗣贬为汉阳太守。天宝初年（742年）的两次攻夺都没有成功，但玄宗对石堡城的兴趣并未减退，因此又有了天宝八载（749年）哥舒翰的攻占行动。

哥舒翰是突骑施（西突厥别部）人，作战勇猛且具谋略，多有战功，素为王忠嗣器重。王忠嗣曾使哥舒翰讨伐吐蕃，有个同列的将军为其副贰，但倨傲不听指挥，哥舒翰一时性起，将他当场斩首，遂在军中树立了威信。有一年，吐蕃寇边，哥舒翰手持半段枪率兵攻击顺山而下的三路蕃军，所向披靡，由此扬名天下。天宝初年间，每逢麦熟时节，吐蕃都要到积石军屯田区强割庄稼，唐军不能抵御。人们把积石军屯田区戏称为"吐蕃麦庄"。有一年麦熟时，哥舒翰预先派王难得、杨景晖等将领引兵到积石军两边设伏，自己在城中坐守。吐蕃5000骑像往年一样又来收麦，等其下马脱甲割田时，哥舒翰从城中杀出，蕃兵受惊退逃。这时，埋伏的王难得、杨景晖率军杀出，截断了蕃军退路。唐军前后夹击，蕃军首尾不顾，匹马不还。自此，蕃军不敢再来抢麦了。

这次哥舒翰攻打石堡城，面临的困难十分巨大。吐蕃提前做了周密的部署，挑选了数百名士兵固守，贮存了足够的粮食和水，准备了大量的檑木和礌石。唐军求胜心切，士卒前赴后继，但在吐蕃军的坚决抵抗下，屡攻不克。哥舒翰嫌将士们攻占不力，准备将部将高秀岩、张守瑜斩首。二人磕头求饶，请求宽限三日。在将士们的强攻下，唐军终于如期攻破了石堡城，俘获吐蕃守将悉诺罗等400人，而唐军则惨死数万人，果如王忠嗣所说，唐朝付出了高昂的代价。

事实上，石堡城仅对于扼守湟中至青海湖药水道有利，却无法完全阻止吐蕃东进或唐军西出。当时从青海湖至鄯城还有两条道可行，一条是从青海湖北岸沿湟水东南行，过巴燕峡至绥戎城，另一条是从青海湖到赤岭后沿今拉脊山南麓，在今红山嘴翻拉脊山，从马鸡沟峡至牛心川（今南川河）。这两路都可以避开石堡城的监视自由地东进或西出。六月，唐改石堡城为神武军，派兵屯守。不久，哥舒翰又收黄河九曲、洪济等城。至此，唐朝收复了神龙盟约以前的唐朝陇右、河西全部领土，又开始和吐蕃以黄河为界。

天宝九载（750年），陇右唐将王难得也深入河源，"破吐蕃，收其五桥,又破树敦城"。天宝十二载(753年),哥舒翰又派兵攻占了九曲之地,因功受为封西平郡王。天宝十三载(754年),陇右节度使哥舒翰又攻占吐蕃洪济城、大莫门城,九曲之地尽归唐朝所有。哥舒翰奏请在当地分置郡县、军。于是,在临洮郡西200里之地新置洮阳军及神策军,在积石军西百里之地新置浇河郡、宛秀军,以充实河曲之地。至此,唐朝才完成了对九曲之地的收复。这时的唐朝在军事上处于巅峰,尤其是在古道沿线地区,唐朝大军云集,兵强马壮,与吐蕃相比,军事上的优势地位十分明显。天宝年间,哥舒翰在陇右地区反击吐蕃收复失地的军事行动中多次建立大功,因此声誉鹊起。诗人高适曾作《九曲词》赞颂他说:"铁骑横行铁岭头,西春逡巡取封侯,青海只今将饮马,黄河不用更防秋"。

第四章
盛衰有时 新姿频添

唐蕃古道并非在它生命的所有时期都是辉煌的,它也经历过惨淡的阶段。

唐蕃古道并非在它生命的所有时期都是辉煌的，它也经历过惨淡的阶段。这样的经历与内地跟西藏政治、经济、文化等方面联系的密切程度有关系。唐末五代宋时，由于西藏和青海等地的吐蕃各部都处于分裂割据局面，所以唐蕃古道的利用率大为降低。元朝将青藏高原纳入中国版图，西藏成了中原统一王朝的一个地区，唐蕃古道不再是两国间交好的通道，而成了藏族与其他民族之间进行政治、经济、文化交流的孔道。由于青海地处新疆、西藏、四川与内地交往的中介，元朝以来，经今青海到西藏的道路增加了数条。其中西宁经格尔木到西藏的道路地位比较重要，成了自青海入藏的重要通道之一，古老的唐蕃古道不再孤独寂寞。明时，对这条道路的利用较为频繁，藏传佛教文化通过该路在内地得到了广泛的传播。清及民国时期，西藏与内地的交往更趋于普遍，除了保持经济文化上的交往外，自青海到西藏的道路又成了维护祖国统一的国防通道。新中国成立后，对经青海到西藏的道路进行了全面的整修，古老的唐蕃古道发生了翻天覆地的变化，原先的驮道变成了现代化的公路，在西藏经济文化建设、西藏与内地交流中发挥的作用越来越大。

古道冷落鞍马稀

分裂割据　古道梗阻

唐会昌二年（842年），吐蕃赞普达玛遇刺，吐蕃政权崩溃，吐蕃社会进入了藏史所谓的"分裂时期"。当时，吐蕃本土"日趋支离破碎"，"境内各处每每分割为二，诸如大政权与小政权，众多部与微弱部，金枝与玉叶，肉食者与谷食者，各自为政，不相统属"。而在远离本土的河陇地区也是"种族分散，大者数千家，小者百十家，无复统一矣"。这种分裂割据的状况持续了4个多世纪。其间，吐蕃王室的后裔散亡于阿里、后藏、前藏、西康、青海等处，各自建立了几个比较大的地方割据政权，它们是以拉萨为中心的拉萨王系，在吐蕃原来辖属的大小羊同地

青唐城墙残段

区的阿里王系（包括拉达克王朝、普兰王朝、古格王朝），在尼泊尔一带建立的雅泽王系，在雅砻地区的雅砻觉阿王系，以及河湟流域的宗喀王系（唃厮啰政权）。由于割据势力各霸一方，互相争权夺利，唐蕃古道受到梗阻。但唐蕃古道没有完全废弛，它的东段还在发挥作用。当时唐蕃古道东段的部分线路控制在唃厮啰手中。

唃厮啰是达玛赞普五世孙赤德的后裔，本名欺南陵温，生于"高昌磨榆国"。高昌即今新疆吐鲁番地区，但近来也有人考证认为高昌或即藏文文献中"郭仓"之异译，"高昌磨榆国"即今西藏日喀则以南一带。欺南陵温12岁时，被客居在高昌的吐蕃人何郎业贤带到河州（治今甘肃临夏）。由于欺南陵温相貌"奇伟"，又具有高贵的赞普血统，当地人便称他为"唃厮啰"（佛子之意）。中世纪时的吐蕃社会非常讲究血统，注重门第，因此唃厮啰一到河州，便引起了当地吐蕃各部族的兴趣，各部首领如河州耸昌厮均、宗哥（今青海乐都县境）李立遵、邈川（今青海民和县境）温逋奇等纷纷挟持他到自己的辖地，"起立文法"，在这个过程中，唃厮啰逐渐培植起了自己的势力。1032 年，唃厮啰在青唐城（今青海西宁）独立地建立起政权。唃厮啰充分利用了青唐地区的一切有利条件，在吸取李立遵、温逋奇等酋豪丧身亡国的教训的基础上，采取了一系列符合安多地区藏族政权自身发展的内外施政措施，如对内，他兴建宫宇，设立机构，制定规章仪礼；建佛寺，尊释氏，利用佛教取得族人的拥护和支持；利用"盟誓"手段巩固各部族之间的联系；利用青唐在古丝路、唐蕃古道上的枢纽地位，发展商业贸易。对外，充分发展了地方政权与中央王朝之间的藩属关系，接受宋朝的册封、赏赐，取得宋朝在政治、经济上的支持，通过依附宋朝抵御西夏壮大自己的实力；利用对外战争的机会，征服不受控制的部落，扩大生存区域；与辽国结成姻缘关系，在外围取得广泛的支持，等等。通过上述努力，唃厮啰政权一度号称强盛。

　　唃厮啰控制河湟期间，河湟地区的交通保持了通畅。一直以来，由中原绕道河湟，沿湟水到青海湖，再经柴达木盆地到南疆的丝绸之路青海道是丝绸之路的重要组成部分。西汉置河西四郡后，以河西走廊为主体的河西道成了中原交通西域的主要孔道，而前述通过青海往西域的线路则成了辅线。唐蕃古道开通后，除了联系西域，由长安绕道河湟，沿湟水到青海湖的这部分线路又担负起了唐朝交通吐蕃的重任。唐末五代宋时，青藏高原处于四分五裂的局势中，当时吐蕃本土与中原的交往情况不见记载，这部分线路仅维持着与西域沟通的作用。唃厮啰时期，由于西夏控制了河西走廊，中原通往西域孔道的重心一度明显地偏移向丝绸之路青海道。当时，西域各国商旅、贡使多由今新疆东南越阿尔金山，进入今青海省西北，穿过柴达木盆地，沿青海湖南北两岸而行，到达临谷城（今湟中多巴镇），再到青唐城，与中原商人进行贸易。或者循湟水到邈川，再东南行，渡黄河到河州（治今甘肃临夏）、熙州（治今甘肃临洮）、秦州（治今甘肃天水），继续前往辽国或宋朝汴京（今河南开封市）。

　　唃厮啰及其后任者充分利用河湟地区交通枢纽的地位，大力发展当地的商品经济。他们提供给商旅吃住、派兵护送、允许商人在其境内修盖货栈，定居贸易。由于措施得力，临谷城、青唐城内西域商贾云集，成了吐蕃商人与西域商人进行贸易的中心。唃厮啰与宋朝之间存在着贡赐贸易和茶马贸易，用于贡赐和茶马互市的物品也通过唐蕃古道的东段线路源源不断地运往双方境内。值得注意的是，唃厮啰时期，佛教在河湟地区有很大的发展，李远《青唐录》记载说："（青唐）城中之屋，佛舍居半。"河湟地区属丝绸之路的通道之一,佛教在东汉时由西东渐,或南北朝以来中原僧人西行求法,都可将佛教传入此地。唐蕃古道开辟后,佛教又从中原地区传入这里。吐蕃占有河湟地区后,当地佛教中渗入了吐蕃文化的内容。但当时的河湟地区,佛教发展极为缓慢。后来通过从吐蕃来河湟弘法的"三贤哲"的努力,受吐蕃文化熏染的佛教在河湟地区才得到较快发展。

佛本相争　高僧入青

佛教于公元 5 世纪传入吐蕃后,即遭到了吐蕃固有的原始信仰——本教的抵制,佛教就在和本教的斗争中缓慢而曲折地发展着。松赞干布时曾采取了一系列扶植佛教发展的措施,但直到 8 世纪初,佛教仍仅仅在王室、少数官吏和部分贵族的小圈子里传播。8 世纪时,崇尚本教的权臣玛尚仲巴杰、达绕鲁恭等人制造了一系列反佛事件,禁止佛教在吐蕃社会上流传。吐蕃王室认识到佛教比本教更适合统治的需要,便开始扶植佛教。唐大历五年(770 年),吐蕃赞普赤松德赞处决了崇本的贵族权臣,从印度和唐朝请高僧到吐蕃建寺传佛,并在山南地方修建了吐蕃历史上第一座大规模的寺院——桑耶寺。赤松德赞挑选贵族子弟，让他们剃度出家，吐蕃首次出现了僧伽组织。据说起初赤松德赞也曾试图缓和本教、佛教的矛盾，让本教徒与佛教徒一齐在此寺内修行，要他们各念各的经，各做各的法事。但佛、本教徒在杀生问题上老起争执。后来，赤松德赞亲自主持了佛本教孰优孰劣的辩论会，结果本教徒败绩，赤松德赞乘势裁汰本教，本教渐次衰败下去。与此同时，赤松德赞又组织由桑希等30人组成的取经队伍，奔赴唐朝取经拜佛。唐建中二年（781年），唐廷派出文素、良琇等僧人，每年一人，一年轮换一次，到吐蕃传播佛教。在赤松德赞的支持下，佛教开始在西藏蓬勃发展起来。

赤松德赞的后继者牟尼赞普也是个虔诚的佛教徒。据说牟尼在他新建的佛塔和佛像落成之时，下令全国人民将金银珠宝等珍贵财物布施给寺院。牟尼赞普之后的赤德松赞是在佛教徒的支持下才当上吐蕃君主的，因此，他上台后，采取了一系列发展佛教的举措。他设立了"钵阐布"（意为国师）一职，作为群臣之首，着意提高僧侣的政治地位；擢拔没庐氏等世代信奉佛教的贵族出任大相一职；颁布兴佛诏书，大译佛经，厘定文字，下令不准把僧人当奴仆，僧人不负担差税；恢复了桑耶寺的僧伽供养制度，规定了三户养一僧的制度。这些举措激化了

白马寺

佛教和抑佛贵族之间的矛盾。唐元和十年（815年），赤德松赞去世，赤祖德赞继位。赤祖德赞又叫赤热巴巾，其意是长发人。赤热巴巾的佞佛在吐蕃历史上是出了名的。当喇嘛讲经时，他坐在中间，头发辫成两股，束以长绫，延伸到大殿两旁，令喇嘛坐在上面，叫"头顶二部僧伽"，"热巴巾"的名字就是这么来的。赤热巴巾授权僧人进一步参政，制定了教规和国法，制定了喇嘛师弟的等级，禁止人们指斥僧人。在赤热巴巾的支持下，佛教在吐蕃发展到了极盛的状态，政治上出现了喇嘛专政集团。喇嘛参与政务，并日益集权，引起了世俗贵族集团的不满，本教反对佛教的斗争空前高涨，最终酿成了达玛灭佛的法难。

唐文宗开成三年（838年），赤热巴巾的哥哥达玛不满其弟对佛教的推崇和虔诚，勾连反佛的世俗贵族集团发动了宫廷政变。达玛篡夺了王位之后，为了巩固政权，开始打击佛教。他们封闭寺院，捣毁佛像，焚烧佛经，裁汰僧尼，吐蕃佛教受到了毁灭性的打击。吐蕃幸存的僧人纷纷逃遁至阿里、安多（青海）、喀木（西康）等地避祸。当时，在曲卧日（今西藏曲水县雅鲁藏布江南岸）山上静修的僧人藏饶赛、约格迥、玛艾·释迦牟尼得知达玛灭佛事件发生后，就把经卷驮在马上昼夜兼程，取道阿里、尕洛，经今新疆南部，辗转来到青海黄河谷地（古称玛域）。他们先居于今尖扎县城北约40公里处的坎布拉林区的阿琼南宗，后移居今化隆县金源乡境内的丹斗地方，又一度活动于今乐都县中坝乡的央宗地方，之后又移居到今平安、互助等地传播佛教。为了瞻仰三人在佛教传播中的功绩，后人们在他们活动过的地方建立了寺院，比较出名的有南宗寺、央宗寺、白马寺等。

三贤灭度　大佛寺建

藏饶赛、约格迥、玛艾·释迦牟尼来到河湟地区后，在这里结庐修行，弘扬佛法。在他们晚年的时候，剃度了一个叫穆苏萨拔的本教徒作弟子,给他取法名叫格哇饶塞。格哇饶塞聪颖过人,智慧广大,被人们尊称为贡巴饶赛(意思是明白佛教的教理教义)。贡巴饶赛出家以后,在安多藏区弘扬佛法。据说贡巴饶赛曾打算到卫藏去复兴佛教,但听说那里发生饥荒,没有成行。后来在拉脊山南麓的巴燕丹斗地方定居下来,成了这一带著名的僧侣。贡巴饶赛在当地藏族上层的支持下,在那里授徒传教,弘扬佛法,使丹斗成了安多地区的一个佛教中心。贡巴饶赛在安多藏区佛教上的声名逐渐传入西藏。当时桑耶地区的领主查那益西坚赞父子对佛教十分虔诚,很想发展佛教。但佛教在卫藏地区被破坏得十分彻底,于是就派卢梅等"卫藏十人"来丹斗地方迎请佛教。卢梅等人在丹斗学到了藏饶赛等人逃离吐蕃时所带走的佛教经典,在公元975年左右返回卫藏。在查那益西坚赞父子和卫藏其他封建势力的资助下,卢梅等人在卫藏和康区建立了一批寺院,授徒传法,使佛教势力得以恢复,并在不太长的时间内,超越了达玛以前的规模。藏史上把卢梅及其弟子努力把佛教复从青海上传到西藏称作"下路弘传",把达玛灭佛前的一段时期称作佛教在西藏发展的"前弘期",把由青海和阿里再次传入佛教后,佛教在西藏的再度复兴称作佛教在西藏的"后弘期"。青海是后弘佛法的重要发源地之一,而贡巴

大佛寺

饶赛也就成了后弘佛法的鼻祖,故此人们又尊称他为喇勤(大师之意)。由于藏饶赛、约格迥、玛艾·释迦牟尼在藏传佛教发展中的重要传承作用,被人们尊称为"智者三尊",又称"三贤哲"。

三贤哲中的约格迥后来沿唐蕃古道到西宁弘法,圆寂于此地。《安多政教史》说,为了纪念三贤哲的功德,人们在西宁修建了大佛寺,把他们供奉在寺内。藏语把大佛寺叫"克瓦木森拉康",意思就是"三位大师的寺院(或佛殿)"。清顺治《西宁志》说,寺内供奉有三尊佛像,"高三丈九尺",就是三贤哲的塑像。大佛寺位于西宁市城中区西大街和教场街相接处。它始建于宋淳化元年(990年,一说建于元代),后经历了多次的修茸。如明洪武二十三年（1390年），土司李南哥重建了大佛寺，后又奏请敕赐名宁番寺。之后，李南哥后裔多次给予重修。清乾隆二年（1737年），土司李承唐将大佛寺赠给三世夏茸尕布（俗称白佛），作为其驻锡寺。民国十一年（1922年），七世夏茸尕布更敦丹增诺尔布整修了大佛寺。据《青海藏传佛教寺院明鉴》记载，竣工后的大佛寺占地30多亩，建筑有前院（山门、经堂、僧舍）、后院（大殿）、花园、马房等。其中大殿系三层的空心楼阁，雕梁画栋，是当时西宁地区最雄伟的建筑。清末民初，九世班禅与十三世达赖喇嘛发生矛盾，带领随从抵北京避祸。段祺瑞政府于民国十四年（1925年）起在北京、成都、沈阳、南京、西康、西宁等地为班禅设立办事处，其中在西宁的办事处就在大佛寺。1951年，八世夏茸尕布将大佛寺的一部分奉献给十世班禅额尔德尼·确吉坚赞，大佛寺随之就正式成了班禅堪布会议厅驻青海办事处。同年，中央人民政府特派时任中共中央宣传部长、政务院文教委员会副主任的习仲勋到青海，在大佛寺隆重举行了欢送十世班禅返藏的仪式，大佛寺仍为班禅驻西宁办事处。由于历史悠久和三贤哲的原因，加上在清代，大佛寺曾一度是西宁僧纲司的驻寺，因此，在青海诸多的藏传佛教寺院中，大佛寺享有盛名。

驿路再通，黄教兴起

驿站畅通　行人盈道

13世纪中期，元朝建立后，世祖忽必烈利用藏传佛教萨迦派，加强了对西藏的控制。他封萨迦派教主八思巴为国师领总制院事（1288年改称宣政院），让他"掌释教僧徒，及吐蕃之境，而隶治之"。在宣政院之下设置了吐蕃等处宣慰使司都元帅府、吐蕃等路宣慰使司都元帅府和乌思藏纳里速古鲁孙等三路宣慰使司都元帅府。元帅府下设万户、千户所等各级机构。为能顺利"通达边情，布宣号令"，1260—1265年间，忽必烈派遣一个叫达门的官员进藏，让他从青海开始到康区、前藏、后藏，清查沿途人口多寡、土地肥瘠、道路险易等情况，仿照汉地设置驿站之例,设置站赤(蒙语,即驿站)。当时从青海汉藏交界处起,直到萨迦,总计设置了27个大驿站。其中在吐蕃等处宣慰使司都元帅府辖区(即朵思麻地区,约当今安多语藏族聚居区)设了7个大驿站,在吐蕃等路宣慰使司都元帅府辖区(即朵甘思地区,约当今康巴语藏区)设立9个大驿站,在乌思藏(包括乌思和藏两个地区,"乌思"指以拉萨为中心的前藏地区。"藏"则指以日喀则为中心的后藏地区)地区设立11个大驿站(其中在前藏的驿站7个,分别是索、夏克、孜巴、夏颇、贡、官萨、甲哇;后藏4个,分别为达、春堆、达尔垅、仲达)。大站之间设有若干小站和急递铺。这条驿路是把藏族三个方言区联系起来的一条主要交通干线,也是元代入藏的主要线路之一。但它与唐蕃古道并非完全重合。从兰州(或河州)到西宁,经日月山到黄河源头的这部分线路与唐蕃古道大体相同,在自河源翻唐古拉山到拉萨的路线上略有出入。青藏间唐古拉山的主要隘口自西向东,分别是唐古拉山口(青海省格尔木市辖区与西藏交界处,早先为吐蕃通沙州之驿道。青藏公路、青藏铁路都经过此处。过山口后到安多、那曲)、郭由拉山口(青海省杂多县与西藏交界处,清代入藏官道经过此处。过山口后到安多或聂荣县)、查吾拉山口(青海省杂多县与西藏交界处,唐蕃古道经过此处。过山口后到聂荣县）、沙迈山口（青海省杂多县与西藏交界处。过山口后到索县）、果龙拉山口（青海省杂多县与西藏交界处。过山口后到巴青）、觉拉山口（青海省囊谦县与西藏交界处。过山口后到荣布区）、沙俄拉山口（青海省囊谦县与西藏交界处。过山口后到昌都）。西藏自治区的安多、索县、巴青、荣布区、昌都之间有路相通，在那曲会合后通往拉萨。上述唐古拉山上的这几个隘口中，元代官道有可能选择沙迈山口、觉拉山口或沙俄拉山口。这是因为元朝在卫藏的首个驿站"索（在今索县境）"，距沙迈山口最近。驿站以军情急务为要，一般来说，驿路不问艰辛，以捷近为先，故有可能过此山口。另外，明代驿路是在元朝驿站的基础上发展起来的。明时为了保障通往乌思藏大道上的通天河渡口畅通无阻，朝廷曾赐给喇嘛锦敦钻竹"坚修口津"的象牙印章，让他负责通天河渡口摆渡事宜。这枚印章于1937年在玉树县巴塘班遣寺（一作边青寺）出土。说明玉树在元代时是入藏的交通要冲之一。加上元时，囊谦王族在玉树地区颇具势力，且与中央政府关系密切，因此，元代官道也有可能通过玉树、囊谦，选择过觉拉山口或沙俄拉山口的可能性较大。

元朝时与河湟入藏驿路有关的进藏驿路还有两条，一条自河州西南出土门关，经夏河、科才寺、有干滩、曲朵寺、拉加寺，南渡黄河，跨越大石门山，经果洛地区，过斗云滩，在河源汇入河湟入藏驿路。这是一条辅线。另一条自宁河驿（在河州境）西南行，经纳邻（今甘南拉力关）、赤术（今青海河南县香扎寺附近）、俄拉、哈喇别里赤儿（今果洛久治上、下贡麻地区）、入当洛、党项然洛草原，沿亦耳麻不莫剌到河源，接通入藏驿路。这条路因比河湟入藏驿路直接，元时利用率较高（有人认为这条路线就是所谓的"纳邻"七站线路,至于七站的名称，不见史料记载。还有人认为"纳邻"七站事实上就是元朝在朵思麻地区设立的7个大站）。

元朝时柴达木地区有柴达木北路、西路、中路、东路、南路，这几条道路在格尔木地区交汇后,沿摆图河西路南下拉萨。其中，柴达木中路和西路汇合后入藏的驿路是元朝通过青海入藏的主要通道，当时自大都有亦集乃路与其相连。柴达木南路汇合西路后到拉萨的线路是今天青藏公路的雏形。

明朝为通畅入藏驿路，永乐五年(1407年)，成祖"谕帕木竹巴灌顶国师阐化王吉剌思巴监藏巴里藏卜同护教王、赞善王、必力工瓦国师、川卜千户所，必里、朵甘、陇答三卫，川藏等族，复置驿站，以通西域之使。令洮州、河州、西宁三卫，以官军马匹给之"。同月，"敕都指挥同知刘昭、何铭等往西番、朵甘、乌思藏等处设立站赤，抚安军民"。刘昭等人很快完成了修复驿站的使命。永乐十二年（1414年），明廷令中官杨三保对该驿路进行了检查，"令所辖地方驿站有未复旧者，悉如旧设置，以通使命"。明代从西宁入藏的道路有三条，即经今都兰、格尔木入藏的青藏西道；经琐力麻（今玛多黄河沿）、鄂灵海（鄂陵湖）、查灵海（扎陵湖）、星宿海、喇嘛托罗海、巴彦哈拉、必里术江（今通天河）、阿克当木曲（杂多县当曲）、索克曲（索曲），到拉萨一带的青藏中道；经过玛多、称多、玉树、囊谦的青藏东道。这些都沿用了元朝的道路。其中青藏中道和东道均与明代驿路大部分重合。

　　明代西宁到内地的驿路也大多沿用元旧路。洪武八年（1375年），又在今贵德县设置归德千户所，与河州卫之间设了6个驿站。出贵德后第一站为三岔（约在今贵德县东沟乡境），第二站骲（diào）沟，第三站讨来（约在今同仁县兰采），第四站保安（今同仁保安镇），第五站边都（今循化县文都乡南边都沟），第六站清水（今循化县东清水乡）。该路由贵德西行接入藏驿路，由清水东行六七十里与长宁驿、银川驿接，可达河州。但因贵德至河州间六驿站地处藏族居牧区，驿站间距离较远，多经崇山峻岭，路况较差，而且时通时阻，行人多不从此经过。此外，明在河州西南甘青藏区沿用元"山后七驿"(即纳邻七站),在河州,今青海河南县、果洛等地也沿用元代入藏旧驿。明代正统以后,又开辟了自甘肃洮岷到松潘、甘孜、昌都、拉萨的川藏驿路,乌思藏使者多由此路入贡。

元朝驿站分为军站和民站,由宣政院和兵部管理。负责具体事务的官员有驿令、提领、脱脱禾孙。元驿站设有专门的站户,为驿站提供马匹、驮牛、物资及劳役(如站户赤贫,由朝廷设法周济。忽必烈后期,乌思藏地区站户不堪役使,不断逃亡,遂改以军队管理,让当地万户提供日常开支)。如驿路遭破坏中断,派军队加以恢复。元朝规定官吏和使臣等往来驿道,必须遵守驿站制度,而站户也必须按规定供应食宿、提供马匹等。由于管理严格,"四方往来之使,止则有馆舍,顿则有供帐,饥渴则有饮食,而梯航毕达,海宇会同,元之天下,视前代所以为极盛也"。

明代驿路由卫所管理,当时在今青海境的入藏驿路上设立的卫有河州卫、西宁卫、必里卫、必里术江卫(治今曲麻莱县境)、朵甘卫(治今四川德格)、陇答卫(治今西藏昌都)、上邛部卫、答陇卫以及乌思藏卫等。明朝驿传服役由民户佥当,自备马、骡、牛只当差。明代因公使用驿传设施须持有符信,传递的文书也须盖有官印,而且还要经过当地官府检验。这种符信,也称勘合。明前、中期，青海境各少数民族首领、高僧等频频赴京朝贡。按朝廷的规定，入贡前要上报朝廷，得到准许后，由地方官员在就近卫所选馆舍、驿站分批起送。对各部落、寺院入贡的路线、站程，朝廷都有明文规定，违反者要受到处罚。

  元明驿站为吐蕃与中原地区的政治、经济、文化联系创造了条件，对蒙藏、汉藏关系的发展起了促进作用。一是在加强对藏区管理的同时，中央与地方间的贡赐贸易得到了发展。二是茶马贸易、民间贸易得到了发展。汉区的茶叶、盐、布、绢、姜、纸、粮食、各种器具和衣物，藏区的马匹、各种畜产品、红花、虫草和其他药材、土产都在这里交易。三是加强了藏区与内地的文化交流。忽必烈即位后，确定以萨迦作为扶植和推崇的教派，以萨迦派为主的藏传佛教随之传入内地，其寺院也在入藏驿路沿线以及大的城市纷纷建立。藏族的造塔、塑像、用具工艺等传入内地，而内地的印刷、造船、建筑等技术也于此时传入藏区。明时进入并留居内地的僧人更多。明朝在岷州、松州设立儒学，吐蕃弟子曾在那里读书。由于受到汉族史学的影响，汉文中有关吐蕃历史的部分被翻译成了藏文，而藏族学者也于此时开始研究、编写藏族历史，诸如《萨迦世系》《红史》《西藏王统记》《汉藏史集》《青史》《贤者喜宴》等史著于此时面世。纸张、印刷技术的传入，促进了藏文佛经的抄写和印刷,《甘珠尔》《丹珠尔》等佛学丛书于这一时期编成。同时,藏族建筑、绘画、雕塑以及藏医等,也吸收了汉族的技艺,汉藏民族文化的交流得到了深化。

黄教兴盛　寺院遍布

佛教在西藏复兴初期,内部尚保持着一致。随着藏区封建经济的发展,佛教内部在教义、仪式上的分歧不断扩大。11世纪初,译师仁钦桑布通过翻译密宗经典,创立了具有藏传佛教特色的新密咒系统。不久,高僧阿底峡对传统佛教文化的各要素进行了整理,使西藏佛教在显宗教义和密宗修法方面形成了一定的体系,有了显、密之分,并为佛教文化和本教文化的结合提供了可能。1076年,西藏佛教界在阿里的托林寺举行了阿底峡去世的纪念法会。会后,有上百人赴克什米尔、天竺等地求学,这些人后来大都成为著名的译师。由于他们接受的传承不同,也由于他们自己的心得和见解不同,因此就出现了不同思想、修法的传授派别。这一时期有七八十位天竺僧人受各地寺院礼聘到卫藏地区,大量寺院纷纷建立起来,寺院成了当地的经济文化生活中心。相应地,西藏地区形成了以某个教派的寺院为核心,后面由某一个家族支持控制的众多宗教派别集团,大的有宁玛派、噶当派、萨迦派、噶举派,小的有希解派、觉域派、觉囊派等。

13世纪初到14世纪末,萨迦派和噶举派先后在西藏建立了政教合一的地方政权,它们也先后达到了各自权势极盛的阶段。这些教派的上层僧人接受中央王朝的分封和赏赐,并直接参与掌握政治、经济权力的活动;他们还享有许多特权,积聚财富,追逐利禄;有的还饮酒作乐,蹂躏妇女,欺压百姓,横行不法;为了争权夺利,各教派之间经常发生争斗。到14世纪时,西藏佛教各教派戒律普遍松弛,僧人腐化,出现了颓废萎靡之相,宗教逐渐丧失了其号召力和帮助统治阶级进行统治的功能。在这种情况下,统治阶级逐渐认识到需要一个有号召力、能帮助自己进行统治的新教派来替代那些已经颓废的旧教派,人民也需要有一个戒律森严的宗教满足自己的信仰需要。宗喀巴大师及其创立的藏传佛教格鲁派(俗称黄教)就这样应运而生并登上了历史舞台。

宗喀巴大师是青海湟中人,元至正十九年(1359年),他3岁时被授近事戒。7岁在今平安县夏宗寺随噶当派高僧顿珠仁钦学习佛学。17岁后到卫藏跟随萨迦高僧学习。这是藏区的一个传统,不论家在哪里,学佛到一定阶段,必须到卫藏去深造,同时也是去朝拜佛教圣地拉萨。宗喀巴大师在藏地几乎接触了所有教派显宗方面的内容，以后又系统地转入密宗。1385年，宗喀巴大师开始收徒讲经。1400—1409年间，宗喀巴大师通过讲授大乘戒律、著书立说，创立了他的宗教思想学术体系。1409年，宗喀巴大师在拉萨发起传召大法会，不久，又建立了甘丹寺。这两次事件标志着藏传佛教格鲁派的创立。在宗喀巴大师创立格鲁派的过程中，青藏高原开始出现该派寺院，青海的不少格鲁派寺院就修建在唐蕃古道及其沿线。

  在青海诸多的格鲁派寺院中，塔尔寺是较早修建的一座。明洪武十二年（1379年），宗喀巴大师的母亲及信徒在今塔尔寺所在地，即宗喀巴大师出生的地方修建了一座莲聚宝塔。不久，信徒们搭建了塔殿，这就是大金瓦寺的前身。之后，青海蒙古族首领和当地藏族部落及封建中央政府多次对该塔翻修、扩建、新建，塔尔寺规模逐渐扩大，最终成了格鲁派六大寺院之一。洪武二十五年（1392年），明廷为了答谢三罗喇嘛在安抚罕东等部族时的功劳，特拨巨资在今乐都瞿昙乡境修建了瞿昙寺。瞿昙寺的建筑风格是典型的汉宫殿式建筑，当地人有"看了瞿昙寺，北京再甭去"的说法。明永乐年间，宗喀巴大师弟子释迦益西受明廷召请，两次赴京朝贡，永乐帝封其为"西天佛子大国师",宗喀巴大师成了大国师之师,从此,格鲁派得到中央王朝的确认。释迦益西第一次从北京返回后,在拉萨建立了色拉寺。第二次在赴京途经今青海民和转导地方时,在这里建了一座小寺。明宣德十年(1435年),释迦益西在北京去世,其尸骨被运回,在此小寺修灵塔供奉。后在

图一　弘化寺城墙
图二　宗喀巴大师塑像
图三　弘化寺

此基础上发展成弘化寺。明代在河湟地区改建、新建的格鲁派寺院还有灵藏寺、卡的卡寺、七里寺等。15世纪初，宗喀巴大师弟子在拉萨修建了哲蚌寺，在日喀则修建了扎什伦布寺。至此，格鲁派在藏区建立了稳固的基础。

格鲁派的发展也并非一帆风顺。随着格鲁派政治、经济实力的增强，开始引起了其他教派、地方势力的仇视。为了应对攻击，格鲁派积极寻求外部势力的支持。当时，驻牧于青海湖一带的蒙古土默特部首领俺答汗也想通过宗教的力量巩固其统治，于是在1576年派人到西藏迎请格鲁派领袖索南嘉措。1578年，索南嘉措和俺答汗在青海湖畔的仰化寺会晤，双方以蒙元时代蒙古统治者和萨迦派的关系为参照，结成同盟。他们还互赠尊号，其中俺答汗赠给索南嘉措"圣识一切瓦齐尔达赖喇嘛"的称号，这就是达赖喇嘛名号的开端，索南嘉措就是这一系统中的第三世。此次会晤之后，黄教的影响逐渐遍及青海、蒙古各地。而东蒙古各部也纷纷入居青海草原，最终达到29个部落。索南嘉措死后，俺答汗的孙子云丹嘉措被认定为第四世达赖喇嘛。但四世达赖喇嘛遭到了西藏藏巴政权的抵制，双方明争暗斗，在激烈的角逐中，四世达赖喇嘛死于非命。藏巴汗令禁止达赖转世。后来在扎什伦布寺寺主罗桑·却吉坚赞的斡旋下，五世达赖喇嘛得以顺利转世，格鲁派集团开始在藏族社会上取得优势。

在格鲁派和蒙古土默特部建立联系的过程中，在入藏驿路及其附近地方又修建了大量的格鲁派寺院，比较著名的有湟源的扎藏寺、东科尔寺等。后来，在蒙古各部和清朝政府的支持下，青藏地区新建、改宗的格鲁派寺院很多，格鲁派后来居上，终成了藏传佛教诸派中最具势力的一个教派。

扎藏寺碑

官马道上商业旺

官马大道通西藏

17世纪，清统一全国后，为有效地巩固统一的中央集权，强化对边远藏区的治理，沿袭并发展了驿站制度。当时全国的驿站以京师为中心，向东北、西北、东路、中路、西路辐射出五条主干驿道，紧密地沟通着中央与边疆地区。其中入藏的驿道有3条，一路从皇华驿经居庸关、陕西、甘肃到四川，由川康道赴藏；另一路由京师经直隶（河北）、河南、陕西、甘肃、青海入藏；第三路自北京、河南，而后绕道云南中甸进藏。这三条驿路被统称为入藏官马大道。

我们比较关注的是青海入藏的大道及其与唐蕃古道的关系。

清代自青海入藏的道路有多条：一是自西宁起，经玛多县黄河沿、曲麻莱县、治多县、杂多县，过郭由拉山口，到拉萨；二是经都兰、诺木洪、格尔木，沿故摆图西路（与今青藏公路和青藏铁路基本吻合）过唐古拉山口到拉萨，这条路在乾隆以后逐渐替代了经河源入藏驿路；三是从香日德（或巴隆）翻越布尔汗布达山，或西行经秀沟、雪水河上游，会入故摆图西路（六世班禅曾由此路去过北京），或南行在星宿海一带汇入河源入藏驿路；四是从玛多县黄河沿过鄂陵湖、扎陵湖、七渡口（一作七叉河，在今曲麻莱县曲麻莱乡勒池牧委会西）、里曲（通天河上游沱沱河），在察曲卡（今温泉）会入故摆图西路（五世达赖曾由此路到北京朝见过顺治皇帝）；五是从玛多县黄河沿过鄂陵湖、扎陵湖，沿楚玛尔河西行，在五道梁一带会入故摆图西路；六是沿唐蕃古道入藏；七是经玛多县黄河沿过玉树、囊谦入藏等。

从乾隆《西宁府新志》的记载看，经玛多县黄河沿、两湖、曲麻莱、治多、杂多，过郭由拉山口到拉萨的这条道路是清代入藏的主要官马大道。该书详细记载了这条道路所经的站口，自西宁至拉萨共67站，计3670里，分别是：西宁、阿拉库托营（一作哈拉库图）、哈什哈水（即倒淌河。由此分南北两路，南路走6程，经今共和县曲沟、三塔拉等处；北路走5程，过塘格木滩后两路会合），南路的站点是侃布滩、阿拉乌图、哈套、西哈套峡、木户儿、牛哥兔；北路自哈什哈水到白彦脑儿、恰不恰（今共和县恰卜恰）、西泥脑儿（达连海）、公噶脑儿（更尕海）、牛哥兔，与南路相接。之后经沙拉兔、衣麻兔、登弩儿特（鄂拉山口）、哈隆乌素（今兴海县温泉）、至列脑儿（苦海）、至利卜拉、必留兔沟、阿隆阿他拉川、索力麻川黄河源（今玛多县黄河沿）、噶顺阿坝兔、且克脑儿（今玛多县鄂陵湖北）、哈麻胡六太、哈拉河、乌兰伙哩、阿拉台奇、喇嘛托洛海（今曲麻莱县玛多）、一克白彦哈拉（巴颜喀拉山西山口）、乌河那峡、巴汗白彦哈拉底、哈拉河洛、穆鲁乌苏河（今通天河）、柯柯赛渡口（估计在今曲麻莱县叶格一带。此河还有七叉河、摆图两个渡口，不发水时驼马可过。因柯柯赛渡口有皮船，官兵入藏多由此通过）、柯柯托儿、大湖滩、托火六托洛海、插汗哈达、东卜拉（今杂多县境内）、赛柯奔、胡蓝你伙、多蓝巴图儿、卜汉你赛儿、胡角尔图、阿河但、因大木、铁兔托洛、一克努木汗、索湖、巴汗奴木汗、拨湖沙、查汗哈达坡伙、尺汗哈达、沙各、瞒扎希里、却那你伙六、哈喇乌素（今西藏那曲）、班的奔第、哈拉伙洛、愧田希拉、巴卜隆、乃满素不拉哈、达目（今当雄）、羊阿拉、来顶寺、铁锁桥、恰哈拉、逊冬卜宗、浪唐、西藏大诏。这条路线与唐蕃古道在河源到那曲之间的走法不完全相同。由于乾隆《西宁府新志》记载的各站点多是蒙语地名,很难准确找出相应的汉语对应地名。但从少量能查到的对应地名看,清官马道相对于唐蕃古道走的是西线,经两湖,在今曲麻莱县柯柯赛渡口(或七渡口)过通天河,横穿治多县中部、杂多县西部,沿杂多县郭纽曲翻过郭由拉山口,到西藏聂荣县(或安多)、那曲;唐蕃古道则走的是中线,从称多县境过通天河,经玉树县西部,纵穿杂多县,沿杂多县查吾曲翻过查午拉山口,到西藏聂荣县、那曲。

青藏路比康藏路行程稍近,"然荒凉无人,食宿均感不便",因此,它的使用不及康藏驿路频繁。清康熙之后,曾一度废弃。乾隆五十六年(1791年),因抗击廓尔喀入侵西藏,又恢复了台站。清朝藏区驿站在中央由理藩院和兵部共同掌理,在地方由地方部门管理,如西藏驿站由驻藏大臣直接掌管,而安多藏区驿站则属西宁办事大臣掌管。对于经过驿路的赴藏僧俗官员、部族首领,清廷根据其官阶品位、身份高低,详细地规定了沿途使用马驼车船、锅帐用具、夫役等应享有的待遇。为防止欺伪诈骗,理藩院、兵部发给乌拉票、勘合、火牌或兵牌,注明人数、所需物资数量、行走路线、所需时间等,由地方官府勘验。违反者要受到处罚。藏区驿站设立初,清政府根据各地具体情况,派置了数量不等的驿丁官弁,但这项制度没能系统地贯彻下去,各地有各地的特点。比如青藏官道基本不设固定驿站,来往官员及文书传递由路经各部族负责交替支应。另在那曲设有堪布喇嘛,通天河设有蒙古寨桑("宰相"的译音,官员之意),供应往来使者所需物资。对重要的官员及僧俗首领,西宁办事大臣、驻藏大臣还要派兵护送。

商家来往古道忙

  清朝驿路的建立带动了交通事业的蓬勃发展,交通的兴盛又促进了中原内地(或外界)与藏区经济贸易的往来和繁荣,而商业贸易的繁盛又促进了交通状况的改善,这种良性循环的机制也有利于民族关系的和谐与发展。清代藏区与内地贸易不限于贡赐贸易和茶马互市,民间贸易有了很大的发展,货物中日用品逐渐占据了主要位置。当时,京货在藏区很受欢迎,内地货物的汉文名称以音译形式被藏族大量使用。外地商旅开始定居藏区,由行商逐渐变为坐商。众多的坐商中,来青海的山陕商人是最主要的一支。

早在明朝初年，山西、陕西等地商人就有不少来到青海。当时山陕商人在西宁开设的商号有合盛裕、晋益老等，其中晋益老商号在西宁存在了600多年，民间有"先有晋益老，后有西宁城"的说法，以说明晋益老商号历史的久远。明中期，山陕等地商人曾通过纳税领取茶引，然后贩运茶叶到西宁等地。清雍正十三年（1735年），清政府停办了西宁等处的茶马贸易，民间贸易迅速兴起，以山陕商人为主的外地客商到青海的逐渐增多。当时本地商人以回族为主，蒙古、藏族商人很少，且资金微薄，经营分散，没有形成势力。而山陕商人资金雄厚，集中分布，在乐都、西宁、镇海堡、丹噶尔等道路要冲，开设了不少大的商铺。清光绪年间，青海皮毛、药材等特产的出口市场逐步繁荣，山陕商人靠贩运皮毛获得厚利，势力大增，在青海商业界完全站稳了脚跟。当时，无论从外地商人在青海商人中的人数，还是从各地商人在青海商业贸易总额中占据的比重以及对青海商业贸易的影响上看，山陕商人都首屈一指，形成了名副其实的山陕商帮。

随着山陕商人在青海商业经营规模的扩大，迫切需要一个组织对外协调跟官府和其他商帮之间的关系，抵御和防范各种社会势力的压榨和排挤，对内平息和调解商务纠纷，加强相互间的联系和交流，保护同乡商人的利益。另外，也需要在平时生活中相互救济，解决吃、住、行、葬以及身份证明等事宜。清光绪十四年（1888年），西宁的山陕商人在当时西宁府东门外东关路北（今西宁市湟光义乌商贸城处）集资创建了山陕会馆，后被焚毁。光绪二十六年（1900年），山陕商人再次筹集资金，买得西宁府城内前后街原官办茶号地址（今城中区兴隆巷56号），重建了山陕会馆。

山陕商帮起初经营畜牧产品、药材等土特产的收购、贩运和出口。民国以来，在"洋行"和马步芳家族官僚资本的排挤下，山陕商人破产的较多，幸存的商号放弃了对皮毛的经营，开始把注意力转向百货、布匹、绸缎、杂货、药材的经销，但势力不减，到20世纪40年代，青海多数大、中商号仍为山陕商帮所经营。山陕商人在青海开设商号，带来了商业经营的独特理念，他们的活动不仅繁荣了青海的商业经济，也给当地留下了可贵的文化财富。

除了坐商，还有寺院商队、普通商队（这时已经出现了资金雄厚的藏族商队）等行商，也经常行进在入藏道路上。青藏高原海拔高，空气稀薄，天气多变，道路沿线缺柴少草，跋涉艰难。加之路途遥远，商队驮运货物，来往于青藏、青康之间，单程需一两个月。除了货物，要携带途中所需粮秣、帐篷等用具。

漫长的商道上还有出没无常的马贼,拦路劫掠商队。因路途艰险,个体或小股商队很难生存,他们常集结编组,组成固定而庞大的商队从事贸易。商队的先行驮牛插有鲜明的商队旗号,商队还配备有一定的武装力量。在这些商队中,寺院商队凭借宗教的力量,得到沿路各部族敬奉,因此畅行无阻,基本上垄断了青藏道路上的长途商业运输。一些小的商队和商人常常依附于他们。寺院商队的种类很多,有达赖、班禅等宗教领袖组织的商队,也有大小寺院组织的商队,还有富裕僧人们组织的商队。

山陕会馆大厅

海藏咽喉丹噶尔

清朝时,在入藏道路上出现过不少集市,其中规模最大的要数丹噶尔集市,在今天的湟源县城关镇。"丹噶尔"以其地有著名的黄教寺院东科尔寺(建于1652年)而得名,丹噶尔即"东科尔"之异译。明代以来,丹噶尔一地"商贾渐集,与蒙番贸易,有因而世居者;番族亦渐次开垦,牧而兼耕,各就水土之便,筑室家成村落焉"。

由于丹噶尔地处黄河上游农牧区的交汇点,丹噶尔及日月山以东为农业区,以西为牧业区,农牧经济需要相互补充。丹噶尔"为三藏通衢,西滨青海,北连蒙古,群山罗列,两涧回环,洵边徼名区,西维重地也"。是青海蒙藏游牧区、西藏地区与内地交通往来的咽喉之地。另外,丹噶尔在雍正以来成为甘肃行省和西宁办事大臣所辖蒙藏游牧区的行政分界点,即处在

海藏通衢石刻

湟源县城

所谓"边外"和"边内"的交界线上，因此，雍正三年（1725年），清政府便将互市地点由今日月山一带移至此处，丹噶尔于是成了牧业区各部落与内地的重要互市之地。

清雍正五年（1727年），清政府在丹噶尔修筑城池，以保商护民。由于丹噶尔"地当青海蒙番出入之大道，故县虽小而商务颇盛"。不仅青海当地的畜牧、药材等土特产品集散于此，就连西藏、新疆的商人也长途跋涉到这里贸易。据《丹噶尔厅志》记载，到嘉庆、道光时，丹噶尔商业特盛，"青海、西藏番货云集，内地各省商客辐辏"，每年仅由青海牧业区和西藏运来的货物价值即达白银120万两之多。由于商业发达，大量他地的汉、回、撒拉等族群众都有因经商移居到此地的。道光、咸丰之际，丹噶尔一地的回、撒拉族就有数千户之多。商业的繁荣，人口的增殖，使清政府决定在此设立行政建置。道光九年（1829年），清政府设立丹噶尔厅，设同知，"以理商业"。咸丰、同治时，陕甘回、撒拉族群众反清武装斗争接连不断，东路道途不靖，致使"番货委积，顾问无人"，丹噶尔的商业走向萎缩和萧条。光绪年间，随着战乱平息，丹噶尔的贸易逐渐得到恢复。但由于互市地点随交通的发展有了变化，"藏番之货，西泄于英吉利、印度之商；玉树远番之货，南泄于打箭炉、松、岷、河州；蒙古、近番之货，北则甘、凉、瓜、沙，南则洮、岷、河州，无所不之"。丹噶尔的商品集散辐射作用大为降低,商业远不及昔日繁盛。光绪末年,丹噶尔"每年进口之货,推其报数月四十余万,较之曩昔,仅三分之一耳"。

清末以来,海禁大开。各国皮毛商到青海丹噶尔地方开设"洋行",收购羊毛,时"每年有洋行十余家就地采购(羊毛)"。洋行的介入和竞争,在一定程度上严重地冲击了当地的民族贸易,出现了"铺户亏空闭歇者,踵相接背相望也"的现象。民国初年(1912年),前来湟源收购皮毛的洋行和外地商人继续增多,西宁的一些大商号也纷纷到湟源设庄经营。一时间,湟源每年集散羊毛约400万斤,约占青海羊毛出口量的一半。民国十三年(1924年),达500余万斤,价值白银近100万两。每年交易的各类皮张不下30余万张。在皮毛市场的带动下,其他商品的经营量也大幅增长,出现了比嘉庆、道光时更为繁盛的局面,被人们称为"小北京"。民国十八年(1929年)前,湟源县城大中小商户及手工业者共有1000余户,资产总额在白银500万两以上。民国十八年,马仲英屠戮湟源城,湟源商业遭到严重破坏。同时,青海省政府实行皮毛统制政策,由官僚资本在产地设点收购,以皮毛为支柱的湟源商业迅速走向衰落,遂不复旧观。

此外,牧区的一些寺院以及结古等交通要冲,也是繁盛一时的商品集散地。

更喜古道换新颜

青康公路拓旧道

青康公路即自西宁起,经湟源、共和、兴海、玛多黄河沿、称多清水河、玉树歇武、囊谦,经西藏昌都,最终到云南景洪的线路。青康公路的修建与玉树的地理安全有关。它在青海境内的大部分路段与唐蕃古道重合,在玉树上拉秀地方始与唐蕃古道分离,转向南行,在囊谦经麻衣涌,延伸到西藏境。青康公路曾被称为宁玉路(西宁至玉树)、西玉(西宁至玉树)路、青藏公路、青康公路、倒邦(倒淌河至云南邦达)公路。1971年,恢复了青康公路的名称。它的修建经历了好几个阶段。

民国元年至十五年(1912—1926年),是基本利用清代官道并予拓宽阶段。民国四年（1915年），马麒任甘边宁海镇守使后，采取的措施中，其中一条就是"修路以便运转"。民国七年（1918年），英帝国主义提出将西藏、青海、西康全部和云南、四川、甘肃藏区以及新疆南部昆仑山脉阿尔藤格山以南划归"西藏"范围，并把西藏划分为外藏（西藏、西康西部地区）和内藏（除外藏之外的其他藏区）的无理要求，要求外藏完全自治，让藏人自理；内藏由中藏共管。当时的北洋政府在英帝国主义的压力下通电有关各省征求意见。马麒认为，中国内政不容外人干涉，西藏一失，"非惟河湟无宁日，西南国防交涉，将更不堪问矣"，于是发表通电，坚决反对划界之议。与此同时，马麒在玉树驻兵，并在西宁到玉树间设立台站，每百里一所，"仿前驿站章程递寄公文，转运兵饷"，玉树形势得到稳定。民国十二年（1923年），青海试办湟源至结古马班邮路，对这段道路又做了修整。此外，商业贸易的发展对道路交通也起了促进作用。道路利用率的提高，自然使道路得到拓宽。而商贸运输也对道路提出了高的要求，牧区的一些主干道、以西宁为中心四散到周边地区的通道也得到维修和拓宽，原先单纯的驮道逐渐演变成了车驮道。当时西宁经黄河渡、柯柯赛渡口、多洛巴兔儿、拉萨的车驮道长4120里。

民国十六年到二十三年（1927—1934年），是青康公路初步修建阶段。1927年后，国民政府的势力不断向西北扩展，中央交通部拟订了全国国道计划，把兰州作为经纬线的中心，第二经线国道、第一纬线国道都经过青海西宁。因此，青海的公路建设被列入全国公路建设的计划当中。马麒向国民政府递交了"青海建设计划"，国民政府成立了开发西北委员会，并派人到青海考察，拨款资助。1929年，青海建省后，设立交通处，制定了筑路计划大纲，开始按计划修建。这次修路以军事需要为目的，在原有车驮道的基础上，进行了加宽和改建。其中西宁经玉树到拉萨线仅修至大河坝，行进在这条道路上的主要仍是牦牛驮队。

民国二十六年到三十四年（1937—1945年）抗战时期，是青康公路的初步建成阶段。1936年8月以后，马步芳为了进一步加强军事实力，把改善地方交通视为重要的事项，并把它列入全省"六大中心工作"之一。青海制定了修路规划，采用"兵工筑路"的办法，新修、改修青甘、青新、青藏等公路。1937年，马步芳以"藏方在康藏边境预备拨兵5万，恐边境多事，应请预防"为理由，通过国民政府蒙藏委员会向蒋介石建议重视修筑西宁至玉树结古的公路。青海省政府还向中央行政院咨送西玉公路修筑计划及路线简图，计划3年完成。蒋介石回电说"事关国防，赶快竣工"。同年，马步芳强征民夫、红西路军被俘官兵草修了西宁到大河坝便道，可勉强通行汽车。抗战后期，日寇南线威胁川黔，北线威胁潼关、西安。为打通四川通往甘肃的第二条后备交通路线，青康公路（此时将该路分为北、南两段，其中北段即西宁经玉树到歇武，叫青藏公路；南段即歇武至康定，叫康青公路）的修建成了政府工作的重中之重。1941年，国民政府行政院组织成立了康青经济交通视察团，来青海视察，拟先修建康青公路。由于条件限制，工程迁延，始终没有下文。1942年5月，蒋介石认为"青藏系国防重镇，又为陪都大后方"，宜"加强防务"，遂决定"先修青藏公路（即宁玉段）"。中央拨给款项，电令开工。到1944年9月底，该路线竣工。由于青藏高原气候恶劣，加上技术条件限制，道路质量极其低劣，只简单铺平了道路，沿线桥涵及养护设施绝大多数未修筑。1944年10月试车时，汽车从西宁出发，经历19天才到玉树，平均时速仅17公里。

新中国成立以后，是青康公路全面整修，提高质量阶段。由于质量低劣、缺乏保养等原因，20世纪40年代所建的西宁到结古的道路在50年代时已经不能正常运行。当时国民党残余势力潜入青海南部、西藏等地，千方百计阻挠新政权的建立，危害国家的统一和安全。毛泽东作出"一面进军,一面修路","建设西藏,保卫国防"的指示,康藏、青康公路同时开工修建。1950年3月,西北军政委员会命令西北交通部勘察设计修复工程。自5月起,青海省交通处与中国人民解放军一军组成青藏公路修建委员会,组织施工队伍,开始抢修青藏公路,当年完成了西宁到黄河沿的抢修任务。1951年起,开始修建黄河沿到玉树的路段。1954年12月,黄河沿到玉树路段建成通车,并将西宁到玉树的公路改称青康公路。这次修建,建立了养路机构,基本上恢复和维持了季节通车。但由于不能很好地解决冻土难题、缺少涵洞和桥梁等原因,冬季大雪封山,春季翻浆泥泞,夏秋季节洪水漫流,汽车自西宁到玉树要10天左右,不能适应经济社会发展的需要。1956年起,开始对青康公路进行扩建、改建、整修,这个过程旷日持久。20世纪60年代主要是修桥涵、宽路基、降坡减弯等工作,70年代主要是全面技术改造,分段铺筑次高级路面。由于缺少长远规划,加上"文化大革命"等的影响,改造工程效果不佳。到1985年时,"青康公路220公里(鄂拉山北麓)至727公里(结古镇)之间"以及所谓的"鄂拉山、棉砂岭、巴颜喀拉山、雁口山、温泉沟、竹节寺沟、通天河沿、扎曲河沿等'三山一岭、二沟、两河沿'的越岭线沿溪地段",路窄弯急坡陡,还有雪埋、冰坎、沙埋、翻浆等病害错列期间,致使公路等级不到四级,不能适应拖挂运输要求。党中央决定将此路列入国家"七五""八五"计划安排,继续改建。1995年时,青康公路西宁到歇武段全部改建成沥青路面,其中三级公路654.12公里,四级公路64.24公里。之后,每年都对该路进行补修,截至2007年路况大为改善,基本上达到了二级公路的标准,但个别路段仍存在病害,冻土问题尚未彻底解决。2011年7月,青藏高原首条高速公路——青海省海南藏族自治州共和县至玉树藏族自治州玉树市的高速公路动工修建。共玉高速公路全长630余公里,沿线平均海拔4000米以上。公路结构为分离式和整体式设计,封闭采用钢筋混凝土立柱和铁丝网全封闭,彻底解决了长期以来存在的病害、冻土等难题。该路于2016年9月实现双向四车道通车,使共和至玉树行车距离大大缩短。

青康公路结古至西藏昌都段修建于1958年。起初因军事原因急修,路况不佳。后不断修补,到20世纪80年代中期,路况有了很大改善。现在这部分线路都是沥青路面。

青康公路使古老的唐蕃古道改变了容颜。不仅道路发生了本质的变化,因为有了汽车运输,运输量、进藏所需时间也发生了革命性的变化。

此外,距文成公主庙不远的玉树巴塘机场(又称玉树机场)于2007年动工修建,于2009年8月1日实现通航。机场性质为国内支线机场,地址位于玉树市结古镇以南20余公里处的上巴塘。这里海拔3900米,地处青藏高原腹地。机场按满足2015年旅客吞吐量8万人次目标设计,跑道长3800米,宽45米,可满足空客319等机型起降,机场等级为4C级。唐蕃古道上玉树机场的建成通航,极大地提高了这一地区的运输效能,有效支撑了该地区经济社会的大繁荣大发展。

青藏公路运输忙

青藏公路起自西宁,终于拉萨,全长1937公里,是当今世界上海拔最高的公路之一。青藏公路与西宁经格尔木入藏道路基本重合。青藏公路始建于1953年,利用了青新公路西宁到格尔木段的线路。青新公路是20世纪40年代为了加强青海、新疆与内地的联系,以适应政治需要和开发西部资源需要修建的。西宁到格尔木的线路就成了青海入藏的重要路段。

20世纪50年代时,西藏军民粮食告急,中央指示西北局成立运粮队,由西藏工委组织部长、原西北军区进藏部队政治委员慕生忠担任运粮总队政委,组织人员用骆驼驮运粮食。由于路途遥远艰辛,驼死人乏,运输困难。慕生忠遂提出修筑青藏公路的设想,得到彭德怀元帅的支持。格尔木以南的青藏公路沿线地理状况平缓,有"远看是山,近看是川,山高坡度缓,河宽水不深"的特点,适合修建现代公路。当时彭总从军费中拨付了经费并调派了技术人员。筑路部队发挥了大无畏的牺牲奉献精神,只用了7个月零4天,于1954年12月竣工。

青藏公路经过湟源、倒淌河、茶卡、察汗乌苏、香日德、

昆仑山口

诺木洪、格尔木、沱沱河沿、雁石坪、安多、那曲、当雄、羊八井等城镇；翻过日月山、橡皮山、脱土山、昆仑山、唐古拉山等十几座大山；跨过察汗乌苏河、香日德、格尔木河以及楚玛尔河、沱沱河、通天河、唐古拉山河等河流。这些重重高山、滔滔激流，几千年来一直阻挡着西藏与内地的往来。青藏公路通车以后，经过不断的改建、扩建、整修，路面黑色化，桥涵永久化，成了一条具有现代化水平的公路。它使从西宁到拉萨的路途由以前的几个月缩短到两三天时间，改变了西藏与内地交通不便的历史状况，因此被西藏人民誉为"地上的长虹，幸福的金桥"。

青藏公路通车后，带来了沿线经济文化的繁荣。一些古老的城镇如多巴、湟源、察汗乌苏、香日德等焕发了青春，一些新兴城镇如格尔木、沱沱河沿、那曲、羊八井等不断兴起、发展。如格尔木，历史上这里是人迹罕至、野兽出没的荒原。1954年以后，随着青藏公路的建设和柴达木盆地的开发，这里由最初的帐篷城发展到常住人口十余万、工农牧业兴旺发达、拥有汽车近万辆的戈壁新城和交通重镇。藏北草原的那曲，成了藏北地区的重要城市，工农牧业生产迅速发展，由一个只有几间土坯房的小集一跃为欣欣向荣的草原新城。青藏公路沿线还有奇特的高原景观。公路翻过日月山，就到了我国第一内陆咸水湖——青海湖，再前行，就与盐的世界——茶卡盐湖擦肩而过。盐湖面积 10900 公顷，盐储量达 2.6 亿万吨，放眼望去，白茫茫一片。之后是茶卡草原，骆驼欢跃，驼铃声声，骆驼草生长在戈壁滩上。接下来是察汗乌苏、香日德等地，麦田千顷，阡陌纵横，一片宁静的田园风光。过了脱土山，在奔向格尔木的途中，又是典型的戈壁景观，卵石满滩，杂草遍野，一眼看不到边。过了格尔木，进入昆仑山区，山势蜿蜒纵横，雪原莽莽，气势雄浑。从昆仑山到西藏地区，公路全在雪岭冰山下穿行，这里平均海拔都在 4000 米以上，但"远看是山，近看是川"的高原特点让人只觉得四周雪峰重重，却丝毫没有阻滞之感。

青藏公路通车后运输非常繁忙，它承担了 85% 的进藏物资的运输任务，昼夜行车平均在千辆以上，成了祖国内地通往西部边陲的大动脉。自从有了这条公路，西藏与内地的距离就不再遥远了。

青藏铁路好风光

青藏铁路在 2006 年 7 月 1 日正式开通，它起自青海西宁，终于西藏拉萨，全长 1956 公里，是世界上海拔最高、线路最长的高原铁路，被人们誉为"天路"。青藏铁路由两部分组成，第一段是西宁至格尔木段，全长 814 公里。第二段是格尔木至拉萨段，全长 1142 公里。第一段是在 20 世纪 50 年代末至 20 世纪 80 年代中建成通车的。

过去西藏不通火车，运往西藏的物资、进藏的人员都要先乘火车到格尔木，然后换乘汽车进西藏，或者直接乘汽车从西宁进藏。交通运输设施的落后，严重地制约着这一地区经济、社会的发展。进入新世纪以来，随着西部大开发战略的实施，运往西藏的物资大幅度增加，西藏原有的以青藏公路为主体的运输通道无论从运能、运量上，还是从运输的快捷、方便上，都远远不能满足经济发展的迫切要求。建设青藏铁路已成为克服交通"瓶颈"，加快西藏、青海经济发展，促进西部大开发顺利进行的当务之急。2001 年 6 月，党中央、国务院作出修建青藏铁路的决定并开始动工。青藏高原素有世界屋脊、地球第三极之称，海拔高，其中翻越唐古拉山的铁路最高点海拔 5072 米，经过海拔 4000 米以上地段 960 公里；环境严酷，生态极为脆

青藏铁路

弱；多年冻土层连续有 550 公里以上。在这种原始、独特、脆弱、敏感的地理生态环境中修建铁路，难度大，要求高，困难多。美国现代火车旅行家保罗·泰鲁在《游历中国》一书中写道："有昆仑山脉在，铁路就永远到不了拉萨。"但在党中央、国务院的关怀和支持下，我国的铁路建设者们发扬大无畏的牺牲精神，以求真务实的科学态度，克服了一个又一个科技难题，创造了一个又一个奇迹，终于将铁轨从格尔木铺到了拉萨。

青藏铁路的走向与青藏公路基本相同，也经过了古老的唐蕃古道上安详的城镇、清冽的河流、浩瀚的湖泊、广阔的草原、美丽的田野、茫茫的戈壁、巍峨的群峰、绵绵的雪域……乘坐火车去西藏，你可以饱览古老、神秘、苍茫的青藏高原！青藏铁路还具有多个世界或我国的第一，这些成了青藏铁路上新的神奇的风景。如风火山隧道，位于海拔 5010 米高的风火山上，全长 1338 米，轨面海拔标高 4905 米，是目前世界上海拔最高、横跨冻土区最长的高原永久冻土隧道,有"世界第一高隧"之称；

昆仑山隧道长1686米，海拔4600米，是世界上最长的高原冻土隧道；唐古拉车站位于海拔5068米的唐古拉山垭口多年冻土区，是目前世界上海拔最高的火车站；清水河特大桥，位于海拔4500多米的可可西里无人区，全长11.7公里，是世界上高原冻土地段最长的铁路桥，它如同一条美丽的"彩虹"，飞架在可可西里国家级自然保护区核心地带，在巨龙般逶迤而去的大桥下，各桥墩间的1300多个桥孔可供藏羚羊等野生动物自由迁徙；青藏铁路第一高桥——三岔河大桥，全长690.19米，桥面距谷底54.1米，是青藏铁路全线最高的铁路桥；长江源头第一铁路桥——长江源特大桥，全长1389.6米，共有42孔，跨过约1300米的宽阔河床；在全国铁路工程建设中首次注意了环保，如引进环保监理、与地方环保部门签订责任书、提出"创质量环保双优"的目标、大面积移植草皮、开凿人工湿地、为野生动物开辟迁徙通道等，从而使高原生态基本未受影响。

　　青藏铁路为西藏增加了一条经济、快速的运输通道，它不仅承担了大多数进出藏物资的运输任务，而且使进出藏的时间大大缩小。现在从西宁到拉萨只需要20多个小时，从北京到拉萨也不过48个小时。去西藏的人明显多了，给西藏带来了旅游经济的发展。青藏铁路还大大降低了进出藏物资的运输成本，大幅提升进出藏货物运输量,降低了西藏市场商品价格,刺激了居民消费。青藏铁路横跨青海、西藏两省区,成了沟通西藏、青海与内地联系的具有战略意义的大通道,古老的唐蕃古道发生翻天覆地的变化,进藏难的历史一去不复返了。2016年,青藏铁路西宁至格尔木段实现全线双线电气化运营,运输能力大大提高,所有进藏列车可缩短用时近两个小时。"十三五"期间,青藏铁路格尔木至拉萨段也将全线实现电气化运营。2016年初,格尔木至拉萨段的扩能改造已经开始。电气化改造后,青藏铁路的货、客运输能力将进一步提高。

值得注意的是,青康公路、青藏公路以及青藏铁路运营后,青藏间古老的隘口通道并没有完全被废弃,它们仍发挥着作用。当地居民翻越唐古拉山时,往往就近就地选择山口通道,它们成了现代交通的重要补充。

后　　记

　　唐宗室女文成公主远嫁吐蕃赞普松赞干布的故事,是闪耀着民族团结光辉的重大历史事件,有着极高的知名度。唐蕃和亲是中国政治和亲的典范,它使唐蕃双方的政治、经济、文化交流不断加强,唐蕃友好的"黄金大道"——唐蕃古道形成并繁荣,使汉藏人民之间的接触日益频繁,增进了汉藏两族人民亲密、合作的关系,也增进了两个民族间的友善和融合,在汉藏关系史上写下了光辉的一页。虽然唐蕃和亲早已成为1300多年前的历史,但这件事并没有被人们忘记,其故事反复被搬上舞台、荧屏,走进绘画、油塑等艺术形式,更多的人愿意从教科书中、从历史学著作中不断了解它、重温它。这一切说明,这一历史资源有很高的文化价值,进一步研究它,深入挖掘它所蕴含的丰富内涵,大力宣传这段历史,在向大众普及历史知识，满足人们文化消费需求的同时，使之受到唯物史观的熏陶，受到民族团结的教育，具有很重要的意义。有见于此，青海人民出版社于2007年年初提出编著一本这方面普及读物的计划，将它列为重点选题，并约请我担任主编，实施此项任务。我欣然领命，随即与出版社总编办公室陈浩主任——此书的责任编辑商讨，将此书定位为大众能读懂的通俗读本，在历史事实准确的前提下，尽可能写得生动活泼一些，可读性强一些。书的内容除交代清文成公主和亲一事外，还对唐蕃古道进行描述，并选择古道所经的重点城市、重点旅游景点作简要推介，对唐、蕃两个战略伙伴时战时和的变迁大势，发生在青海的与唐蕃古道有关的历史掌故，以及唐代以后唐蕃古道的利用情况、路线的变迁情况等也作一些简明系统的交代。本书由我和省社会科学院文史研究所的两位同志共同完成。全书纲目由我提出，第一、二两部分由毕艳君执笔，第三、四两部分由解占录执笔，全文由我修改定稿。书中所插图片主要由我和陈浩提供，少量的由解占录等提供。于2007年正式出版发行。

2015年6月中旬，青海人民出版社李永华编审电话通知我：出版社决定对2007年版《文成公主与唐蕃古道》一书重新修订再次出版。因该书出版后几年来，颇受读者欢迎，在社会上已经产生了一定知名度。两三年前初版书已经脱销，好多朋友从我这里打听怎么才能买得到。我听到修订再版的消息，当然拍手赞同。

初版书问世后，不断有学术单位或个人找到我，探讨、交流关于文成公主与唐蕃古道的问题，使我对这个话题有了更多的关注和感悟。例如，2014年玉树县要建立文成公主纪念馆，邀我为纪念馆撰写展陈内容大纲。在撰写过程中，我又查阅了一些史料，深入思考了一些问题，并有机会听取到众多专家特别是藏族学者对展陈内容大纲的相关意见建议，使我获益良多，对文成公主与唐蕃古道有了更进一步的理解。还有，在此期间了解到2012—2013年间青海文物考古研究所等部门组成联合专业考古调查队，对玉树地区摩崖石刻、吐蕃墓葬考古等的调查、发掘成果，这些成果中的某些内容与本书主题十分相关。这次再版，原先的整体面貌包括章、节、目等结构基本未变，但书中内容略有小的改动，比方说已将玉树县勒巴沟摩崖石刻、玉树地区吐蕃墓葬考古等的最新成果简要补充进来；将我所撰文成公主纪念馆展陈内容大纲的主要观点揉入书中；简要补充了拉萨小昭寺的相关内容；书尾写到唐蕃古道新貌时，补充了2007年后相关高速公路、航空开通等的简况；对前版中个别校对错误作了矫正等。另外，2015年6月下旬我去西藏旅游、考察，顺便搜集、实拍到一些书内用得着的图片。最终图片也增加了二三十幅，如增加了大昭寺所供文成公主带入西藏的释迦牟尼12岁等身像图片，以及唐莫离驿（约在今青海共和县恰卜恰镇北东巴古城）、众龙驿（今青海称多县清水河镇）、列驿（今青海玉树市隆宝镇，原名结隆乡）、阁川驿（今西藏那曲）、农歌驿（今拉萨市北羊八井）等的今地图片等。

我们在写作和修订过程中大量参考了文史界同仁的研究成果（见附录）；本书的责任编辑认真审改书稿，付出了大量心血；青海人民出版社几任领导非常关心和支持此项工作；还有不少同志对此书的写作和出版也给予了不同程度的支持和帮助，在此一并致谢。限于学识水平，再版书中难免仍存在诸多不足之处，恳请专家、广大读者批评指正。

崔永红

2017年2月

主要参考文献

［1］ 刘昫，等.旧唐书.北京：中华书局，1975年版.

［2］ 欧阳修，等.新唐书.北京：中华书局，1975年版.

［3］ 苏晋仁，等.吐蕃史料校证(册府元龟).成都：四川民族出版社，1981年版.

［4］ 苏晋仁.通鉴吐蕃史料.拉萨：西藏人民出版社，1982年版.

［5］ 陈家进.全唐文全唐诗吐蕃史料.拉萨：西藏人民出版社，1988年版.

［6］ 王尧，等.敦煌本吐蕃历史文书.北京：民族出版社，1992年版.

［7］ 脱脱，等.宋史.北京：中华书局，1975年版.

［8］ 宋濂，等.元史.北京：中华书局，1975年版.

［9］ 张廷玉，等.明史.北京：中华书局，1975年版.

［10］ 王辅仁，等.藏族史要.成都：四川民族出版社，1982年版.

［11］ 藏族简史编委会主编.藏族简史.拉萨：西藏人民出

版社，1985 年版．

［12］（日）左藤长著，梁今知译．清代唐代青海拉萨间的道程．西宁：青海博物馆筹备处，1983 年版．

［13］黄奋生．藏族史略．北京：民族出版社，1985 年版．

［14］杨景升．丹噶尔厅志，青海地方旧志五种．西宁：青海人民出版社，1989 年版．

［15］刘忠．汉藏文化交流史话．北京：中国大百科全书出版社，2000 年版．

［16］杨景福．青海商业志．西宁：青海人民出版社，1989 年版．

［17］王辅仁．西藏佛教发展史略．西宁：青海人民出版社，1981 年版．

［18］青海少数民族古籍丛书．西宁卫志·西宁志．西宁：青海人民出版社，1989 年版．

［19］杨应琚．西宁府新志．西宁：青海人民出版社，1982 年版．

［20］陈秉渊．马步芳家族统治青海四十年．西宁：青海人民出版社，1986 年版．

［21］陈庆英，高淑芬主编．西藏通史．郑州：中州古籍出

版社，2003年版.

［22］ 崔永红，张得祖，杜常顺主编.青海通史.西宁：青海人民出版社，1999年版.

［23］ 白寿彝总主编.中国通史.上海：上海人民出版社，1995年版.

［24］ 赵生琛，谢端琚，赵信.青海古代文化.西宁：青海人民出版社，1985年版.

［25］ 芈一之主编.西宁历史与文化.沈阳：辽宁民族出版社，2005年版.

［26］ 卢耀光.唐蕃古道考察记.西安：陕西旅游出版社，1989年版.

［27］ 陈小平.唐蕃古道.西安：三秦出版社，1989年版.

［28］ 青海省博物馆唐蕃古道编写组.唐蕃古道志（资料选编）.

［29］ 青海省志·公路交通志.黄山：黄山书社，1996年版.

［30］ 解占录.唐蕃青海之争.西宁：青海人民出版社，2004年版.

［31］ 白渔，郑云峰.唐蕃古道.北京：中国青年出版社，2004年版.

［32］ 张忠孝，刘峰贵编著.青藏铁路旅游指南.西宁：青海人民出版社，2006年版.

［33］ 西北五省区旅游局.神奇大西北——西北五省区旅游风光画册之旅年版.

［34］ 亚洲旅游（总第180期青海专集）.

［35］ 青海省地方志编纂委员会.青海省志·唐蕃古道志.黄山：黄山书社，1996年版.

［36］ 青海邮电史料选编（1988年第1辑）.

［37］ 崔永红.青海经济史·古代卷.西宁：青海人民出版社，1998年版.

［38］ 汤惠生.青海玉树地区唐代佛教摩崖考述.中国藏学（1998年第1期114—124页）.

［39］ 周曙光.从王昭君和文成公主远嫁看汉唐和亲政策的变化.河南师范大学学报（2004年第1期106—108页）.

［40］ 张忠孝.青海旅游指南.西宁：青海人民出版社，2001年版.

［41］ 欧华国主编.青海公路交通史（第一册）.北京：人民交通出版社，1989年版.

［42］ 青海藏族民间故事.西宁：青海人民出版社，1984

年版.

［43］ 周伟洲编.吐谷浑资料辑录.西宁：青海人民出版社,1992年版.

［44］ 乔 虹,张长虹.贝纳沟摩崖石刻佛教考古的新发现.《中国文物报》2014年4月4日第8版,又《青海日报》2015年4月24日11版.

［45］蔡林海,马春燕.玉树地区吐蕃墓葬考古的新进展.《中国文物报》2014年4月4日第8版,又《青海日报》2015年4月24日11版.

［46］ 何元洪,蔡林海,李 佩,杜 玮.青南高原早期先民的足迹.《中国文物报》2014年4月4日第8版.

［47］ 同波瓦·土登坚参主编.布达拉宫（画册）.华龄出版社（原书未注明出版年份）.